essentials

Jan Sparsam

Wie ökonomisches Wissen wirksam wird

Von der Performativitäts- zur Verwendungsforschung

 Springer VS

Jan Sparsam
München, Deutschland

ISSN 2197-6708   ISSN 2197-6716   (electronic)
essentials
ISBN 978-3-658-22983-2   ISBN 978-3-658-22984-9   (eBook)
https://doi.org/10.1007/978-3-658-22984-9

Die Deutsche Nationalbibliothek verzeichnet diese Publikation in der Deutschen Nationalbibliografie; detaillierte bibliografische Daten sind im Internet über http://dnb.d-nb.de abrufbar.

Gedruckt auf säurefreiem und chlorfrei gebleichtem Papier

Springer VS ist ein Imprint der eingetragenen Gesellschaft Springer Fachmedien Wiesbaden GmbH und ist ein Teil von Springer Nature
Die Anschrift der Gesellschaft ist: Abraham-Lincoln-Str. 46, 65189 Wiesbaden, Germany

- Einen Abriss über die Entstehung der wirtschaftssoziologischen Performativitätsforschung aus der Akteur-Netzwerk-Theorie
- Die theoretischen Grundlagen der Performativitätsforschung, wie sie von Michel Callon, Donald MacKenzie u. a. entwickelt wurden, und ihre empirische Anwendung
- Einschlägige Kritikpunkte an der Performativitätsforschung
- Vorschläge für eine Soziologie ökonomischen Wissens als empirische Verwendungs- und Wirkungsforschung

Vorwort

Die vorliegenden Überlegungen zur Performativitätstheorie schließen an frühere Veröffentlichungen an (Sparsam 2015b; Pahl und Sparsam 2016; Maeße und Sparsam 2017). Für hilfreiche Kommentare bedanke ich mich wie so oft bei Hanno Pahl, mit dem ich das Manuskript diskutieren konnte. Matthias Wingens danke ich für ein aufschlussreiches Gespräch über die Verwendungsforschung. Etwaige Fehler sind ausschließlich mir selbst anzulasten.

Jan Sparsam

Inhaltsverzeichnis

Einleitung

1

> Es ist durchaus verzeihlich, nicht zu wissen, was das Wort „performativ" bedeutet. Es ist ein neues Wort und ein garstiges Wort, und vielleicht hat es auch keine sonderlich großartige Bedeutung (Austin 1986, S. 305).

Obwohl der Sprachphilosoph John Langshaw Austin seinen eigens geprägten Begriff der „performativen Äußerung" nonchalant für anfechtbar erklärt, ist er über die Sprachphilosophie hinaus in den Kultur- und Sozialwissenschaften zum Zentrum einiger einschlägiger Ansätze geworden. Sie alle beziehen sich auf die eine oder andere Art auf Austins „Zur Theorie der Sprechakte" (1979).[1] Der bekannteste dürfte derjenige der US-amerikanischen Philosophin und Philologin Judith Butler sein, die mit dem Begriff der Performativität den permanenten Vollzug von Geschlechterzugehörigkeit als Voraussetzung für die Konstitution von Geschlecht überhaupt betont (2015). Ansonsten hat die „Performativität" eine ähnliche Karriere gemacht wie viele andere Begriffe in den Sozial- und Kulturwissenschaften: Es existiert eine Vielzahl an Ansätzen, die Performativität auf unterschiedliche Weise nuancieren und den Begriff als Zentralmetapher für das Verständnis des Sozialen oder von Kultur anführen. Gemeinsam ist ihnen, dass sie Sprache nicht nur als Repräsentation von Wirklichkeit verstehen, sondern ihr die Kraft zusprechen, soziale Wirklichkeit hervorzubringen.

---

[1]Im Original „How to do things with word", auf Grundlage eines Vortrags von 1955 zuerst 1962 erschienen, in der erweiterten Fassung erstmalig 1975. Ich verwende in diesem *essential* der Lesbarkeit halber, falls verfügbar, deutschsprachige Ausgaben fremdsprachiger Werke.

© Springer Fachmedien Wiesbaden GmbH, ein Teil von Springer Nature 2019
J. Sparsam, *Wie ökonomisches Wissen wirksam wird*, essentials,
https://doi.org/10.1007/978-3-658-22984-9_1

1

Im vorliegenden *essential* geht es um die Verwendung des Begriffs der Performativität *(performativity)* in der Soziologie zur Analyse wirtschaftlicher Sachverhalte oder, wie sie im Folgenden genannt werden soll, um die *(wirtschaftssoziologische) Performativitätsforschung.* Ausgangspunkt dieses Forschungszweigs ist die Annahme, dass die Wirtschaftswissenschaft maßgeblich an der Konstituierung ihres Gegenstandes, der Wirtschaft, beteiligt ist. Die Performativitätsforschung ist heute eine etablierte Säule der Marktsoziologie und der *Social Studies of Finance* (Fourcade 2007; McFall und Ossandón 2014; Maeße und Sparsam 2017). Das erste Ziel des *essentials* ist ein Überblick über die Entstehung und die Vorgehensweise dieser Ausprägung der Performativitätsforschung. Dazu wird im zweiten Kapitel gezeigt, wie ihrer Vertreter_innen es geschafft haben, die neuere Wirtschaftssoziologie mit Instrumenten aus der Wissenschaftsforschung zu bereichern. Im dritten Kapitel stehen die Grundlagen der Performativitätsforschung nach ihren Erfindern Michel Callon und Donald MacKenzie auf dem Programm sowie ihre Einordung in die Landschaft der Ansätze, die sich auf Austin beziehen. In den Folgekapiteln wird das zweite Ziel des *essentials* verfolgt: Die Skizzierung einer Verwendungs- und Wirkungsforschung wirtschaftswissenschaftlichen Wissens als Fortführung der Performativitätsforschung. Dazu sollen im vierten Kapitel die Kritikpunkte an den ursprünglichen Konzeptualisierungen von Callon und MacKenzie zur Sprache kommen. Im fünften Kapitel werden abschließend aus diesen Problemen und einigen aus der Anschlussforschung stammenden Lösungsvorschlägen die zentralen theoretischen Voraussetzungen sowie die analytischen Dimensionen einer Verwendungs- und Wirkungsforschung entwickelt.

Wie kommt die Performativitätsforschung in die Wirtschaftssoziologie?

2

Die Aufnahme der Performativitätsforschung in den Kanon der zeitgenössischen Wirtschaftssoziologie war recht unwahrscheinlich: Sie widerspricht fundamental den Grundannahmen der sogenannten Neuen Wirtschaftssoziologie über wirtschaftswissenschaftliches Wissen. Die Neue Wirtschaftssoziologie bildete sich in den 1980er-Jahren in Konkurrenz zur Mikroökonomik heraus. Ob als Ergänzungs- oder als alternative Perspektiven zur Ökonomik aufgestellt, konstatierten die darunter versammelten Studien, dass wirtschaftswissenschaftliche Theorien und Modelle über ökonomisches Handeln als individuelles rationales Handeln als unrealistisch einzustufen seien. Vielmehr müssten ökonomische Phänomene auf soziale Ursachen zurückgeführt werden. Mark Granovetter, einer der Pioniere der Neuen Wirtschaftssoziologie, prägte dafür den Begriff der „sozialen Einbettung" (*embeddedness*) ökonomischen Handelns (1985), der lange Zeit im Zentrum konzeptueller Auseinandersetzungen in der Wirtschaftssoziologie stehen sollte.

Um die Kritik der Neuen Wirtschaftssoziologie an den Erklärungen der Wirtschaftswissenschaft zu begreifen, sei beider Verständnis von Märkten erläutert (s. im Detail Sparsam 2015a). Die neoklassische Wirtschaftswissenschaft[1] begreift das ökonomische Handeln rationaler Akteure als erklärenden Faktor (Explanans) für das Objekt, dass sie erklären möchte (Explanandum): die Wirtschaft bzw. Märkte, Preisbildung etc. In der Regel sehen in der Wirtschaftswissenschaft etablierte Erklärungen so aus, dass sie auf der einen Seite möglichst viel von der empirischen Komplexität der Wirtschaft abstrahieren, auf der anderen

---

[1]Im Gegensatz zur Soziologie hat sich in der Wirtschaftswissenschaft ein starker Mainstream herausgebildet. In der Disziplin existieren durchaus Ansätze, die anders argumentieren als die Neoklassik, sie sind allerdings institutionell marginalisiert.

© Springer Fachmedien Wiesbaden GmbH, ein Teil von Springer Nature 2019
J. Sparsam, *Wie ökonomisches Wissen wirksam wird*, essentials,
https://doi.org/10.1007/978-3-658-22984-9_2

Seite ihr Explanans in Gesetzesannahmen (Axiomen) verankern, z. B. diejenige, dass Akteure nutzenmaximierend handeln, bekannt durch die Denkfigur des *homo oeconomicus*. Dahinter verbirgt sich ein Wissenschaftsideal, das die Stringenz und Kausalität einer Erklärung ihrer empirischen Adäquanz vorzieht – selbst, wenn sie auf kontrafaktischen Annahmen über die Wirklichkeit beruht. Die Akteure in den Modellen der Ökonomik verhalten sich demnach quasi wie in einem Reagenzglas unter Laborbedingungen: Abgeschirmt von den Einflüssen der Umwelt sollen möglichst einfache Ursache-Wirkungs-Zusammenhänge angegeben werden können. Ökonomisches Handeln lässt sich in einer solchen Denkweise im Zweifelsfall analytisch auf die Beziehung eines (!) Akteurs zu einem ‚Gut' reduzieren. Die Akzeptanz solcher Erklärungen liegt darin, dass das wissenschaftliche Ideal der Ökonomik in der Entdeckung von Kausalbeziehungen liegt.

Die Neue Wirtschaftssoziologie reibt sich an dieser explanatorischen Ausrichtung der Wirtschaftswissenschaft zur Abstraktion von der empirischen Vielfalt wirtschaftlicher Phänomene. Von den sozialen Bedingungen rationalen Handelns abzusehen, lasse nicht nur wesentliche Faktoren, sondern unter Umständen die eigentlichen Ursachen ökonomischer Entscheidungen unter den Tisch fallen. Für diese Kritik steht etwa der oben erwähnte Begriff der sozialen Einbettung von Granovetter. Seine Pointe liegt darin, die Verbindungen, die Akteure in ihren sozialen Netzwerken pflegen, zur Erklärung ihrer ökonomischen Entscheidungen heranzuziehen. Ökonomisch rational sind demnach Handlungen, die sich am effizientesten in den jeweiligen Netzwerken verwirklichen lassen, in welche die Akteure eingewoben sind. Granovetter folgend hat die Neue Wirtschaftssoziologie weitere Einbettungsverhältnisse untersucht, etwa kulturelle oder politische (vgl. Zukin und DiMaggio 1993). Sie möchte damit ein realistischeres Bild von der Wirtschaft zeichnen als ihre Konkurrenzwissenschaft Ökonomik: Das Handeln in Märkten sei nicht erklärbar, ohne die sozialen Beziehungen und Strukturen zu thematisieren, in die Marktakteure eingebunden sind.

Genau diese Konfliktlinie durchkreuzt die Idee der Performativität wirtschaftswissenschaftlichen Wissens mit einer dritten Sichtweise auf den Realitätsgehalt wirtschaftswissenschaftlicher Modelle. Michel Callon (1998a, S. 30), Initiator der wirtschaftssoziologischen Performativitätsforschung, entgegnet der Neuen Wirtschaftssoziologie, dass die Wirtschaft nicht vorrangig ins Soziale, sondern in die Wirtschaftswissenschaft „eingebettet" sei (Callon 1998a, S. 30) – diejenige Wissenschaft also, welche Wirtschaftssoziolog_innen für inadäquat zur

Beschreibung der Wirtschaft halten. Der Punkt in Callons Argumentation ist, dass die Ökonomik ihren Gegenstand nicht in erster Linie (richtig oder falsch) beschreibt, sondern aktiv mit hervorbringt und die Wirtschaft so gestaltet, dass sie mit ihren Theorien und Modellen korrespondiert.

Warum konnte eine der Wirtschaftssoziologie derart diametral argumentierende Herangehensweise in deren Kanon aufgenommen werden? Zwei Aspekte sprechen dafür: Erstens war die Performativitätsforschung führend an der Etablierung soziologischer Untersuchungen der Interaktion auf Finanzmärkten beteiligt, die unter der Bezeichnung *Social Studies of Finance* bekannt geworden sind. Die Wissenschaftssoziologen Donald MacKenzie und Yuval Millo (2003) konnten an Callons Überlegungen anknüpfend zeigen, dass ein spezifisches mathematisches finanzökonomisches Modell der Wirtschaftswissenschaftler Fischer Black und Myron Scholes in den 1970er- und 80er-Jahren einen performativen Effekt auf die Akteure an der Chicago Board Options Exchange hatte: Durch Anwendung des zunächst nicht sehr realistischen Modells, so das Argument, veränderte sich die Finanzmärkte derart, sich die Preise in Modell und Wirklichkeit, zumindest für einen historisch eingegrenzten Zeitraum, einander annäherten (MacKenzie und Millo 2003, S. 137; vgl. MacKenzie 2006). Mit diesem Fall konnten sie Callons größtenteils theoretische Überlegungen nicht nur empirisch unterfüttern, sondern einen wirtschaftlichen Bereich soziologisch mit erschließen, dem historisch eine immer bedeutendere ökonomische Rolle zuteilwurde.[2]

Zweitens – und das überschreitet den Gegenstandsbereich der Finanzmärkte – setzte sich inspiriert durch Untersuchungen in der Wissenschaftsgeschichte die Einsicht durch, dass die Wirtschaftswissenschaft sich in der zweiten Hälfte des 20. Jahrhunderts zu einer „Ingenieurswissenschaft" gewandelt hat (Morgan 2003). Es ist empirisch kaum von der Hand zu weisen, dass sie seit Ende des Zweiten Weltkriegs verstärkt Steuerungswissen für die Wirtschaft und die Wirtschaftspolitik bereitstellt und als wegweisende Produzentin von Technologie in diesen Bereichen verstanden werden muss. Der Wirtschaftssoziologie fehlte mit ihrem Fokus auf die Diskrepanz zwischen der wirtschaftlichen Wirklichkeit und wirtschaftswissenschaftlichen Modellen jedoch das geeignete Instrumentarium für eine Analyse der produktiven Einflussnahme der Ökonomik auf entsprechende Prozesse.

Die Performativitätsforschung konnte durch ihren Hintergrund aus der Wissenschaftsforschung ein solches Instrumentarium in die Wirtschaftssoziologie

---

[2]Zur Rezeption dieser Studie siehe Langenohl (2017), für die weiterführende, unmittelbar an Callon und MacKenzie anschließende wirtschaftssoziologische Performativitätsforschung vor allem die Bände von MacKenzie et al. (2007) und Callon et al. (2008).

importieren. Als Wissenschaftsforscher_in trete man, so MacKenzie, in der Regel nicht als Konkurrenzwissenschaftler_in auf:

> Modern financial economics, for example, offers an analysis of markets that is remarkably successful [...] and the social studies of finance should not, in my view, see itself as committed to disputing that success. That attitude comes naturally to someone with a background in the social studies of science. No philosopher, historian, or sociologist of physics sees him- or herself as in competition with physics (MacKenzie 2009, S. 30).

Callon gilt, neben Autor_innen wie Bruno Latour, Annemarie Mol, John Law und Madeleine Akrich, als Mitbegründer der Akteur-Netzwerk-Theorie (ANT). Die ANT, eine Sozialtheorie, geht auf Befunde zurück, die ihre Erfinder_innen im Rahmen ihrer Arbeiten zu den *Science and Technology Studies* geleistet haben.[3] Im Mittelpunkt dieser Arbeiten stand die Praxis im naturwissenschaftlichen Labor als „Stätte der Vermischung von Natur und Kultur sowie als Ort der Erzeugung von Fakten, der Produktion von Aussagen und der Generierung von Ordnung" (Gertenbach 2015, S. 191). Im Labor wird demzufolge nicht bloße Natur erkannt, die dann in wissenschaftlichen Publikationen repräsentiert wird. Vielmehr sei das Labor ein Ort, an dem mit den dort verfügbaren Mitteln naturwissenschaftliche Tatsachen produziert werden. Wissenschaftliche Entdeckungen sind demzufolge auch immer mit einer aktiven Konstruktionsleistung der Wissenschaft verbunden. Latour zufolge spielen Technik und technische Apparaturen dabei eine konstitutive Rolle: Sie seien nicht bloß Hilfsmittel für die Erkenntnisgewinnung, sondern strukturierten den Erkenntnisprozess und das Erkenntnisobjekt wesentlich mit (vgl. Gertenbach 2015, S. 192). Die Dinge im Labor sind demnach an der Erkenntnisgewinnung beteiligt.

Callon forderte bereits in den 1980er-Jahren, Technologie als konstitutive Instanz in der Hervorbringung von Gesellschaft insgesamt zu begreifen (1983, S. 158–159). Die ANT verallgemeinert dahingehend ihre Befunde aus dem Labor. Sie betrachtet die ganze Welt gewissermaßen als eine Art von Laborsituation. Der Gegenstand der ANT sind prozessuale Mensch-Ding-Beziehungen im Schnittfeld von Gesellschaft und Natur. Soziale Phänomene sind demzufolge immer mit Natur verwoben und müssen sich daher als Netzwerke von menschlichen und nicht-menschlichen „Aktanten" darstellen lassen. Dahinter verbirgt sich das Postulat einer „generalisierten Symmetrie": Sowohl Gesellschaft als

---

[3]Siehe zu dieser Entwicklung in aller Ausführlichkeit Wieser (2012).

auch Natur sollen mit demselben analytischen Vokabular beschrieben werden (Callon 2006, S. 142; Latour 2008, S. 126–129).[4] Will man also, wie Callon dies beispielsweise getan hat, erklären, wie mithilfe einer Forscher_innengruppe die Muschelpopulation in der französischen St. Brieuc-Bucht wieder erhöht werden konnte, deren Rückgang die Fischerei bedrohte, muss man die Koordination aller vier Aktanten im Netzwerk mit demselben Instrumentarium erklären: die aktive Forscher_innengruppe, die Kammmuscheln, die Fischer_innen und die hinzugezogenen wissenschaftlichen Kolleg_innen. Um die beteiligten Aktanten für das Netzwerk „anzuwerben" *(l'enrôlement)*, mussten die Forscher_innen demzufolge genauso mit den Fischer_innen „verhandeln" wie mit den Kammmuscheln oder gar der Strömung in der Bucht (Callon 2008, S. 156). Durch diese ‚symmetrische' Behandlung der Aktanten verwendet Callon also den Begriff ‚verhandeln' – und damit Handlungsfähigkeit generell – in einem sehr breiten Sinn: „Als Handlungsträger gelten dann jene, die eine Kraft ‚übertragen', ‚vermitteln' bzw. ‚übersetzen'" (Laux 2014, S. 128; vgl. Sayes 2014).

Wie plausibel auch immer man diese ungewöhnliche Konzeption nicht-menschlicher Aktanten einschätzen mag: Die ANT hat maßgeblich dazu beigetragen, die Materialität wissenschaftlicher Forschungsprozesse und, in ihrer sozialtheoretischen Formulierung, gesellschaftlicher Handlungszusammenhänge sichtbar zu machen. Von den oben genannten Errungenschaften gehen besonders drei in Callons Überlegungen zur Performativität der Wirtschaftswissenschaft ein: *Erstens* beruht die Performativitätsforschung auf dem Postulat, dass analog zu den Naturwissenschaften auch die Wirtschaftswissenschaft ihren Gegenstand nicht nur repräsentiert, sondern (mit-)produziert. Dieses Postulat ist mit einer Potenzierung des Gedankens gekoppelt, der in der Wissenschaftsforschung als ‚Theoriegeladenheit' *(theory-ladenness)* bekannt ist: In empirische Beobachtungen gehen immer schon theoretische Vorannahmen ein (vgl. Wieser 2012, S. 18). Callon überträgt diesen Gedanken – ohne ihn beim Namen zu nennen – auf die Wirtschaft: Jedes wirtschaftliche Phänomen ist mit wirtschaftswissenschaftlicher Theorie ‚beladen'. *Zweitens* spielt die Materialität wirtschaftswissenschaftlichen Wissens eine zentrale Rolle: Dieses Wissen wird mithilfe von Technik in die Wirtschaft

---

[4]Mit dieser Bezeichnung knüpft die ANT an den Begriff der „Symmetrie" des Wissenschaftsforschers David Bloor an (vgl. Callon 2006, S. 142; Latour 2008, S. 126). Einer der Grundsätze des *strong programme* von Bloor lautet, dass sich sowohl wahre als auch falsche Annahmen – in der Wissenschaft wie im Alltagswissen – durch dieselben Arten von Gründen erklären lassen (1991, S. 7). Bloor ging es dabei darum, den Glauben der Wissenschaftsphilosophie an eine reine, sozial unberührte Erkenntnis zu entmystifizieren.

implementiert. Technische Apparate können vom ökonomischen Modell bis zum handfesten architektonischen Aufbau eines Marktplatzes alles umfassen. Sie sind die Instrumente, die zur „Einschreibung" von Theorie dienen (*inscription devices,* Latour 1987, S. 64–70). *Drittens* beruhen Callons Erklärungen auf den Annahmen der Prozesshaftigkeit und der Relationalität: dem Zusammenspiel der Entitäten, die an der Konstituierung eines wirtschaftlichen Bereichs beteiligt sind. Auch wenn der Terminus in den Schriften Callons zur Performativität nicht mehr allzu häufig fällt, beschreibt er wirtschaftliche Phänomene immer als Netzwerke, in denen ökonomische Theorie prozessiert und deren technische Apparaturen eine maßgebliche Rolle spielen.

Die konzeptuellen Konturen der Performativitätsforschung 3

Die Perspektive der Performativität der Wirtschaftswissenschaft wurde zuerst 1998 von Michel Callon in der Einleitung eines von ihm zu marktsoziologischen Themen herausgegebenen Sammelbandes aufgeworfen, der einige der wichtigsten Köpfe der Neuen Wirtschaftssoziologie versammelt. Im Laufe der Jahre hat er diese Perspektive ausgebaut und einen umfangreichen analytischen Apparat dazu angelegt. Sein grundlegender Beitrag über die Performativität der Wirtschaftswissenschaft beruht wie bereits erwähnt auf einer Provokation der New Economic Sociology: Nicht die sozialen Beziehungen von Akteuren würden ihr wirtschaftliches Handeln prägen, dies gehe vielmehr maßgeblich aufs Konto der Wirtschaftswissenschaften.

Vielzitiert charakterisiert Callon seine Perspektive folgendermaßen: „It consist in maintaining that economics, in the broad sense of the term, performs, shapes and formats the economy, rather than observing how it functions" (1998a, S. 2). Im Mittelpunkt seiner Überlegungen steht die Frage, wie Märkte Kalkulation in Form vertraglich abgesicherten und durch Preise gekennzeichneten Austausches möglich machen. Callon spricht in diesem Zusammenhang auch von „kalkulativer Handlungsfähigkeit" (*calculative agency,* Callon 1998a, S. 3). Er betont, dass diese kalkulative Handlungsfähigkeit, wie sie sich in modernem ökonomischem Handeln zeigt, keine natürliche Veranlagung des Menschen ist. Vielmehr handle es sich um ein historisch gewordenes Phänomen (1998a, S. 15). Im Gegensatz zur Annahme der Einbettung, wie sie etwa Granovetter vertritt, seien es gerade nicht die sozialen Beziehungen, die ökonomisches Handeln ermöglichen, sondern das Loslösen von solchen Beziehungen: „To construct a market transaction, that is to say, to transform something into a commodity, and two agents into a seller and a consumer, it is necessary to cut the ties between the thing and the other objects or human beings one by one. It must be decontextualized, dissociated and detached" (Callon 1998a, S. 19). Callons Bild von Märkten sieht demnach fundamental anders aus als das von Granovetter: Märkte beruhen nicht auf der Einbettung von ökonomischem Handeln in soziale Netzwerke, sondern auf der Möglichkeit der Trennung von Verbindungen zu Dingen und Personen. Callon zufolge müssen Märkte derart „gerahmt" sein *(framing),* sodass ökonomischer Austausch von Gegenständen überhaupt stattfinden kann:

> Framing is an operation used to define agents (an individual person or a group of persons) who are clearly distinct and dissociated from one another. It also allows for the definition of objects, goods and merchandise which are perfectly identifiable and can be separated not only from other goods, but also from the actors involved, for example in their conception, production, circulation or use (Callon 1998a, S. 17).

Callon geht es folglich darum, dass – um ‚ökonomisch' im eigentlichen Sinne handeln bzw. behandelt werden zu können – Akteure und Dinge aus ihren Netzwerken ‚ausgebettet' werden müssen. Zum Beispiel ist der Alltag in einem Supermarkt so gerahmt, dass die Produkte ihre Verbindung zur Kassiererin lösen können. Die Rahmung konstituiert die angebotenen Dinge als ‚Supermarkt-Produkte', die zum Verkauf stehen und damit die Besitzer_innen wechseln können. Da diese Loslösung in der Regel nie absolut erfolgen kann und Restverbindungen bleiben oder neue entstehen, spricht Callon auch von einem „Überfließen" *(overflowing)* als Nebenfolge solcher Rahmungen. Beispielsweise können die Kassiererin und die Kundin auch eine Beziehung über die Markttransaktion hinaus eingehen, etwa wenn die Kundin den Supermarkt häufiger aufsucht und sich eine persönliche Interaktion entspinnt. Rahmungen und ‚Überfließen' gehen entsprechend immer Hand in Hand und sind ein wesentlicher Teil sozialökonomischer Dynamiken (Callon 1998a, S. 18). Ökonomische Beziehungen lassen sich dementsprechend als unterschiedliche Verhältnisse von Rahmung und ‚Überfließen' typisieren, wobei eine Rahmung mit wenig ‚Überfluss' dem neoklassischen Marktmodell am ähnlichsten sieht (Callon 1998b, S. 251).

Insgesamt geht es Callon in seinem Beitrag um die Konstituierung von Berechenbarkeit und die Funktion der Ökonomik als führende Technologie in diesem Prozess. Dementsprechend schreibt er der Disziplin Wirtschaftswissenschaft die Funktion zu, eine „metrologische Infrastruktur" (Callon 1998a, S. 25) für die Wirtschaft bereitzustellen, also Verfahren und Apparaturen zu entwickeln, welche als Bemessungsgrundlage für wirtschaftliche Bewertungen dienen. Dies umspannt sämtliche wirtschaftswissenschaftlichen Mathematisierungstechniken vom Rechnungswesen bis zur Ökonometrie. In Callons Terminologie ausgedrückt: Als Lieferantin von „Berechnungswerkzeugen" (*caculating tools*, Callon 1998a, S. 23) ist die Wirtschaftswissenschaft damit ein hauptsächlicher Bestandteil der Rahmung kalkulativer Handlungsfähigkeit.

Stellenweise behauptet Callon jedoch eine bedeutend radikalere Konstituierungsleistung der Ökonomik. Einige seiner Erläuterungen legen nahe, dass er die Wirtschaftswissenschaft als Ursache für die Entstehung von Wirtschaft überhaupt begreift. So stellt er etwa fest: „[Y]es, *homo economicus* does exist, but is not an a-historical reality; he does not describe the hidden nature of the human being. He is the result of a process of configuration" (Callon 1998a, S. 22, vgl. S. 28, 51). An anderer Stelle heißt es mit Bezug auf den Relativismus der *Science and Technology Studies*:

> It would […] be meaningless to distinguish between an existing reality (economy) and the analytical discourse explaining it. Social science is no more outside the reality it studies than are natural and life sciences. Like natural science, it actively participates in shaping the thing it describes (Callon 1998a, S. 29).

Weiter behauptet Callon: „It would be wrong to distinguish in this overall construction – the practice of its own theory and the theory of its own practice – between the thing [der Wirtschaft] and the theory of the thing [der Wirtschaftswissenschaft]" (1998a, S. 30). Während die Überlegungen Callons zum Einsatz wirtschaftswissenschaftlicher Messinstrumente allein die Neue Wirtschaftssoziologie weniger herausgefordert hätten, sind es diese radikalen Thesen, welche die eigentliche Provokation darstellen: Das – im Verständnis der Wirtschaftssoziologie unrealistische – Menschen- und Wirtschaftsbild der Wirtschaftswissenschaft mache durch seine Wirksamkeit als Rahmung die Wirtschaft im modernen Verständnis überhaupt erst denkbar und praktisch möglich, sodass sich nicht mehr sinnvoll zwischen wirtschaftswissenschaftlichen Denkfiguren und wirtschaftlichen Tatsachen unterscheiden lasse. Akzeptiert man diese Annahmen, wird die Kritik an der mangelhaften Gegenstandsadäquanz wirtschaftswissenschaftlicher Theorien und Modelle obsolet und muss durch eine Analyse der Realisierung ökonomischen Wissens in Techniken, Praktiken, Identitäten und sozialökonomischen Verhältnissen abgelöst werden. Wirtschaftswissenschaft ist in diesem Verständnis keine Repräsentation ihres Gegenstandes – die Frage nach wahrem oder falschem Wissen stellt sich gar nicht mehr –, sondern konstitutive Technologie für die Hervorbringung von Wirtschaft, wie wir sie als historisch gewordenes soziales Verhältnis vorfinden.

Einen Bezug zu Austins Konzept der ‚performativen Äußerung' stellt Callon in seinem initialen Beitrag noch nicht her.[1] Dies geschieht erst durch die Arbeiten von MacKenzie, der an Callon anknüpfend den Performativitätsbegriff weiter auffächert. In einem früheren Beitrag (MacKenzie 2004) kontrastiert er die beiden von Callon behaupteten, aber seiner Ansicht nach nicht trennscharf unterschiedenen Konstituierungsleistungen der Ökonomik – die instrumentelle und die ursächlich-konstituierende – als „generische" und als „Austinian performativity". Generische Performativität, die bloße Verwendung wirtschaftswissenschaftlichen Wissens unabhängig von ihrer Wirkung, finde fraglos weite Verbreitung, sei als Forschungsgegenstand allerdings weniger interessant. *Austinian performativity*, die auf die oben erwähnte Sprechakttheorie von Austin verweist, meint dagegen Effekte, in denen ökonomischen Theorien oder Modellen wirtschaftliche Tatsachen, die sie postulieren, tatsächlich (er)schaffen. In seinem Beispiel ist dies das oben bereits erwähnte Black-Scholes-Modell der Bewertung von Finanzoptionen (vgl. MacKenzie und Millo 2003). Callon habe sich MacKenzie zufolge – bis auf Ausnahmen wie die Annahme des *homo oeconomicus* als theorieinduzierter Akteurtypus – eher mit generischer Performativität beschäftigt. Generische Performativität tituliert er als „schwache", *Austinian performativity* als „starke" Ausprägung (MacKenzie 2004, S. 305–306). ‚Starke' Performativität sei in der Realität viel seltener anzutreffen als ihre schwachen Formen (MacKenzie 2004, S. 328).

Was genau hat es mit Austins Begriff der „Performativen Äußerungen" (1979, S. 29) auf sich? Eine performative Äußerung meint nach Austin einen Akt des Sprechens, in dem „etwas *sagen* etwas *tun* heißt" bzw. dass „wir etwas tun, *dadurch daß* wir etwas sagen oder *indem* wir etwas sagen" (1979, S. 35). Das bekannteste Beispiel, das Austin durchgehend zur Veranschaulichung verwendet, ist das „Ja-Wort" vor dem Heiratsaltar, mit dem die Beteiligten die Ehe eingehen.

---

[1]Im selben Band gibt es lediglich einen knappen Hinweis im Beitrag von Franck Cochoy zu Austins Sprechakttheorie (1998, S. 218, Anm. 1), ebenfalls in einem späteren Beitrag von MacKenzie und Millo (2003, S. 108, Anm. 2). Auch fällt der Terminus „performativity of economics" im Gegensatz zur häufigen Verwendung der Bezeichnung „performation of calculative agencies" (1998a, S. 26 u. passim) noch nicht (siehe aber MacKenzie und Millo (2003), die Callon diese Begrifflichkeit zuordnen). Allerdings kann die Bezeichnung „the embeddedness of economy in economics" (1998a, S. 23–32) als synonym zum später verwendeten Begriff der „performativity" behandelt werden, erstere fällt konsequenter Weise weg. Callon spricht aber an entscheidender Stelle von einer „Performation" (im Sinne einer Durchführung) der Wirtschaft durch die Wirtschaftswissenschaft: „the capacity of economics in the performing (or what I call ‚performation') of the economy" (1998a, S. 23).

Austin berücksichtigt zum einen, dass sich die intendierte Folge der Sprechhandlung nicht zwingend realisieren muss, sie kann „verunglücken" und damit wirkungslos sein (Austin 1979, S. 41 ff.). Zum anderen weisen performative Äußerungen Austin zufolge spezifische sprachliche Charakteristika auf, die er in seiner Vorlesung „Zur Theorie der Sprechakte" (1979) nach und nach entfaltet.

Von Interesse zum Verständnis der wirtschaftssoziologischen Performativitätsforschung sind diese beiden Aspekte, weil sie ihre Differenzen zur Sprechakttheorie verdeutlichen. Der erste betrifft vor allem Callons Konzeption: Ihm geht es nicht darum, ob und unter welchen Bedingungen performative Äußerungen glücken oder missglücken. Callon setzt schlicht voraus, dass wirtschaftliche Phänomene auf eine performative Äußerung der Ökonomik zurückzuführen sind. Die zweite Differenz liegt darin, dass die Performativitätsforschung die performative Kraft der Ökonomik nicht in ihren sprachlichen Charakteristika aufzuzeigen sucht. Es geht ihr also nicht um die wirtschaftswissenschaftliche Äußerung als solche, sondern um ihren Stellenwert als gesellschaftlich wirksame Technologie.

Letztlich schließt die wirtschaftssoziologische Performativitätstheorie weniger an die Sprechakttheorie an als an kulturwissenschaftliche Adaptionen von Austins Überlegungen.[2] Diese Adaptionen nehmen eine begriffliche Umdeutung vor. So stellt Uwe Wirth fest:

> Wissenschaftsgeschichtlich betrachtet hat sich der Begriff der Performanz von einem terminus technicus der Sprechakttheorie zu einem umbrella term der Kulturwissenschaften verwandelt, wobei die Frage nach den ‚funktionalen Gelingensbedingungen' der Sprechakte von der Frage nach ihren ‚phänomenalen Verkörperungsbedingungen' abgelöst wurde (Wirth 2015, S. 10).

Laut Wirth steckt in den kulturwissenschaftlichen Versionen des Performanz-Begriffs darüber hinaus die Annahme, „daß sich alle Äußerungen immer auch als Inszenierungen, das heißt *als Performances* betrachten lassen" (2015, S. 39), mit denen Gesellschaft (re)produziert wird. Dies bezieht sich dann nicht mehr ausschließlich auf Sprechakte, sondern auch auf körperliche Handlungen (vgl. Fischer-Lichte 2004, S. 36). Um im Beispiel der Ehe zu bleiben: Der Sprechakt des Ja-Sagens vollzieht – in Kombination mit einer ganzen Reihe gleichzeitig vollzogener Handlungen – nicht nur die Eheschließung, sondern (re)produziert

---

[2]Für einen Überblick über dieses Feld siehe Bachmann-Medick (2014, Kap. 2) und Volbers (2014).

auch die Ehe und alles, was an mit ihr einhergeht, als soziales Verhältnis und Subjektivierungsweise bzw. Verkörperungsweise.

Der französische Philosoph Michel Foucault (1981, S. 121–122) etwa versteht Sprechakte nicht mehr als einzelne Äußerungen, sondern als Ensemble von Äußerungen. Sein Blick schwenkt deshalb auf deren „Existenzbedingungen" (Foucault 1981, S. 170). Butler geht es in ihrer Konzeption von Performativität in ähnlicher Weise um die Ein- und Ausübung gesellschaftlich gegebener geschlechtlicher Körperlichkeit (Fischer-Lichte 2004, S. 39). Analog dazu ließe sich, um zur Wirtschaft zurück zu kommen, behaupten, die Ökonomik als Disziplin inszeniere die Wirtschaft auf Grundlage eines historischen Repertoires an Aussagen. Hiermit würde der analytische Schwerpunkt auf der Reproduktion gesellschaftlicher Verhältnisse liegen. Die wirtschaftssoziologische Performativitätsforschung betont im Gegensatz dazu, dies sollte mittlerweile deutlich geworden sein, den produktiven Charakter wirtschaftswissenschaftlicher Theorie als Sozialtechnologie: Die Ökonomik inszeniert demzufolge nicht nur eine bereits bestehende wirtschaftliche Ordnung und bestätigt sie dadurch, sondern bringt sie erst hervor – im radikalsten Verständnis von Grund auf.

Vieles in der Debatte um die wirtschaftswissenschaftliche Performativität kreist um die Konzeptualisierung ihrer unterschiedlichen Grade oder Typen. MacKenzie (2006, S. 16–20) etwa fächert die Unterscheidung von ‚schwacher' und ‚starker' Performativität noch weiter in vier Typen auf: Dazu zählt er erstens den bereits bekannten ‚generischen' Typus, führt aber zweitens einen „effektiven" ein. „Effektive Performativität" bezeichnet MacKenzie zufolge ökonomische Prozesse, in denen die Anwendung eines wirtschaftswissenschaftlichen Instruments einen Unterschied ums Ganze im Einsatzbereich macht. Drittens nennt er die „Barnesian performativity" als starke Variante, welche dasselbe meint, wie sein vormals als *Austinian* bezeichneter Typus. Dieser terminologische Austausch geht darauf zurück, dass MacKenzie Abstand von der Linguistik nehmen möchte und deshalb zum Wissenschaftssoziologen Barry Barnes als Namenspatron dieses Typus übergeht.[3] Zuletzt führt er – man denke an das von Austin behandelte mögliche Verunglücken von performativen Äußerungen – mit der *„counterperformativity"* einen Typus ein, der genau entgegengesetzt wirkt: Wirtschaftswissenschaftliche

---

[3]Barry Barnes entwickelte zusammen mit Bloor das oben genannte *strong programme*. MacKenzie (2006, S. 306, Anm. 36) hat für seine Bezeichnung vor allem Barnes' Begriff der „self-validating knowledge" vor Augen: Werden Statusansprüche von Individuen geglaubt, führt dies nicht nur zu jeweiliger Akzeptanz, sondern hat konstituierenden Charakter, weil dieser Glauben strukturelle Konsequenzen nach sich zieht (Barnes 1988, S. 49).

Annahmen werden weniger adäquat, verkehren sich quasi in ihr Gegenteil.[4] MacKenzies mehrfach genanntes Beispiel der Wirkmächtigkeit des Optionspreismodells von Black und Scholes gilt als Vorbild für starke Performativität. Dabei ist zu beachten, dass MacKenzie selbst den Beweischarakter seiner historischen Rekonstruktion dieses Falls äußerst vorsichtig geltend macht (2006, S. 21). Dennoch behauptet er, dass das von ihm untersuchte Modell zumindest zeitweise im ‚barnesianischen' Sinne performativ auf die Finanzmärkte gewirkt habe (MacKenzie 2006, S. 259).

Callon hat seinen Begriff von Performativität ebenfalls geschärft. Im Mittelpunkt stehen dabei die Begriffe des „sociotechnical agencement" (Callon 2007, 2008) und des „collective calculative device" (Callon und Muniesa 2005) als Bezeichnung für Märkte.[5] Die sozio-technischen Elemente, die sich in Märkten zusammenfügen, setzen sich ihm zufolge aus „formal procedures, practical and technical knowledge, software skills, and rules of action" sowie „material devices" zusammen (Callon 2008, S. 36). Die Wirtschaftswissenschaften sind in Callons

---

[4]Callon setzt später MacKenzies *counterperformativity* mit seinem *overflowing* gleich (2007, S. 323).

[5]Das französische *dispositif* ist in den englischsprachigen Schriften Callons als *device* übersetzt. Während Callon den Bezug des Begriffs *agencement* zum Werk der französischen postmodernen Theoretiker Gilles Deleuze und Felix Guattari eindeutig vermerkt, bleibt der Begriff des Dispositivs mehrdeutig, sowohl was seine sprachliche Verwendung als auch den Bezug zur Dispositivtheorie von Michel Foucault betrifft. Rainer Diaz-Bone (2015, S. 110, Anm. 147) unterscheidet drei grundlegende Bedeutungen von *dispositif*: der Begriff kann im Französischen sowohl „Instrument" bzw. „Werkzeug" oder das „zur Verfügung" stehende bedeuten. Auch kann damit ein Mittel zur strategischen Zielerreichung gemeint sein. Die Beziehung der ANT zu Foucaults Dispositivtheorie ist generell nicht hinreichend geklärt (vgl. Müller 2015, S. 36). In Callons Schriften finden sich – im Gegensatz zu Verweisen zu anderen Autor_innen, die für seine Begriffsbildung zentral sind – nur wenige verstreute Bezüge zu den Schriften Foucaults (Callon 2005, S. 10; Callon et al. 2007, S. 2; Çalışkan und Callon 2010, S. 25, Anm. 16). Hervé Dumez und Alain Jeunemaitre (2010) vermuten eine Nähe von Callons Überlegungen zum Dispositivbegriff Foucaults (1978, S. 119–120). Letzterer umfasst drei Sachverhalte: das „Netz" des „Gesagten" und des „Ungesagten", die Beziehung zwischen den diskursiven und nicht-diskursiven Elementen solcher Netze sowie den strategischen Impetus, der die Aufspannung, Aufrechterhaltung und Transformationen des Netzes antreibt (siehe auch Agamben 2008, S. 15–17). In Callons Schriften kann der Begriff *dispositif* bzw. *device* sowohl im alltagssprachlichen Sinne der von Diaz-Bone aufgezählten Bedeutungen interpretiert werden – etwa, wenn es um konkrete Berechnungswerkzeuge geht – als auch im Foucault'schen Sinne eine soziale Formation bzw. ein Netzwerk bezeichnen – etwa, wenn es um Märkte als Ensemble von Menschen und Dingen geht (siehe auch Diaz-Bone 2009, S. 273–275).

Verständnis Teil dieses Wissens, gehen in die Prozeduren ein oder stellen Regeln auf und ihre ‚Apparaturen' zur Verfügung. Spricht Callon von „economics", hat er nicht nur rein akademisches Wissen vor Augen, sondern „economics at large" (Callon 2007, S. 335): ‚Wirtschaftswissen' im weiteren Sinne.

Als Ökonom_innen versteht Callon analog zu diesem breiten Verständnis von Wirtschaftswissen all diejenigen Aktanten, die mit solchen Wissensformen und Regeln vertraut sind. Dies sind nicht nur akademische Akteure, sondern vor allem „economists in the wild" (Callon 2007, S. 336): ökonomische Praktiker_innen, die über noch so rudimentäre wirtschaftswissenschaftliche Kenntnisse verfügen, aber ganz konkret an empirischen Märkten beteiligt sind – von der Börsenmaklerin über die Steuerberaterin bis hin zur Hühnerzüchterin oder Erdbeerverkäuferin, die betriebswirtschaftliches Wissen in ihrem Unternehmen einsetzt. Dass konkrete akademisch situierte Ökonom_innen überhaupt etwas mit realen Märkten zu tun haben, führt er u. a. darauf zurück, dass sie auch über das Wissenschaftssystem hinausreichende Kontakte pflegen und deshalb als „Teilhaber_innen" an Märkten betrachtet werden können: „Economists and marketing specialists who live in university departments *are stakeholders in the market*s they study, simply because they are in networks connecting them to the CEO, to the employees (sometimes!), to bankers, trade unions, social movements, etc. They are *stricto sensu* market actors" (Callon 2005, S. 9).

Im Sinne der ANT handeln in Märkten aber nicht nur Ökonom_innen, sondern auch die Apparaturen. Eine typische Erläuterung von Callon betont deswegen auch den aktiven Charakter ökonomischer Instrumente, etwa wie in seiner und Fabian Muniesas Charakterisierung der doppelten Buchführung: „We could even say that DEBK [double entry bookkeeping], simply by being there, and available, proposes this calculation to the entrepreneur, who accepts the ‚invitation' [...] and asks DEBK to perform the calculation" (2005, S. 1237). Als Werkzeuge kommen sämtliche wirtschaftswissenschaftliche Objekte infrage, von der Skala über den Algorithmus bis zum fertigen Modell. Werkzeuge, die Preisbildung ermöglichen, nennt Callon auch „valorimeters" (Çalışkan und Callon 2010, S. 17).

Callon betont in seinen späteren Konzeptualisierungsversuchen neben der Zusammensetzung von Märkten und den Instrumenten durchgehend die ‚starken' Aspekte von Performativität: Ohne die Ökonomik ‚im Großen und Ganzen' – also die Wirtschaftswissenschaften und praktisches Wirtschaftswissen – würde es keine Wirtschaft geben:

> Caricaturally and generally speaking we could say that the economy does not exist before economics performs it, and that when economic (or economized) elements are already there it means that economics (at large) has already been that way (Callon 2007, S. 328).

Dabei handelt es sich keineswegs um eine vereinzelte Behauptung. An anderer Stelle heißt es quasi, dass die antiken griechischen Philosophien die Wirtschaft ins Leben gerufen hätten:

> The economy starts to exist as a distinct object, because Aristotle and Xenophon knew how to divide up, reassemble and cluster the plasma surrounding them. Of course there were forces, entities, organized matter from which the work of economics, carried out intelligently and pragmatically, was able to produce entities. But the economy is born as an economy, by the grace of these well-adjusted discourses (Callon 2009, S. 20).

Demnach *muss* jede ökonomische Realstruktur auf ein entsprechendes Wirtschaftswissen zurückführbar sein. Die von MacKenzie unterschiedene ‚schwache' und die ‚starke' Variante von Performativität gehören infolgedessen bei Callon untrennbar zusammen. Die Ökonomik als konstitutive Instanz stiftet simultan Kalkulierbarkeit und entsprechende Kalkulationsweisen.[6] Seine Frage ist prinzipiell, wie durch den wirtschaftswissenschaftlichen Eingriff in die soziale Welt Berechenbarkeit denkbar und durchführbar wird. Dies beinhaltet sowohl, ‚der Wirtschaft' zur Existenz zu verhelfen, als auch Berechenbarkeit praktisch zu gewährleisten. Diesen doppelten Konstituierungsprozess, den die Ökonomik lostritt, bezeichnet Callon als „objectification of the economy" (2009, S. 23) oder als „Ökonomisierung" (1998a, S. 32–46; Çalışkan und Callon 2009, 2010). Callon bleibt damit auch bei seiner Opposition zur Neuen Wirtschaftssoziologie: Eine ökonomische Theorie sei dann „wahr", wenn sie ihre Referenz hervorbringt (Callon 2007, S. 320–321).

---

[6]M. E. ist die Trennung in eine schwache und eine starke Variante von Performativität bereits für Callons Überlegungen zum *framing* nicht haltbar. Die Rahmung impliziert immer schon eine Konstituierungsleistung, weil es ohne wirtschaftswissenschaftliche Verfahren keine ‚losgelösten' Entitäten geben könnte, die sie anwenden. Die Wirtschaftswissenschaft ist bei Callon in all seinen vorliegenden Abhandlungen zur Performativität sowohl Ursache für die Existenz wirtschaftlicher Tatsachen als auch Mittel für die Umsetzung wirtschaftlicher Verfahrensweisen (vgl. Sparsam 2015b, S. 276).

Die Performativitätsforschung im Spiegel ihrer Kritik

4

Anwendungsbeispiele aus der Performativitätsforschung und ihre kritische Diskussion offenbaren schnell, dass sich ‚starke' Formen von Performativität in den seltensten Fällen nachweisen bzw. wirtschaftliche Phänomene sich kaum plausibel restlos als Effekt wirtschaftswissenschaftlicher Theorien und Modelle ableiten lassen. In der Regel geht es den darunter subsumierten Studien auch weniger um den Nachweis der vollständigen Realisierung grundlegender wirtschaftswissenschaftlicher Prinzipien oder Denkfiguren. So betonen etwa MacKenzie und Millo (2003, S. 109, 137; vgl. MacKenzie 2006, S. 263), dass sich für ihren Fall der Berechnungsweise von Finanzoptionen zwar von einer historisch eingrenzbaren, wissenschaftsinduzierten kalkulativen Praxis sprechen lasse, allerdings nicht davon, dass sich die beteiligten Akteure tatsächlich an das neoklassische Menschenbild des *homo oeconomicus* angepasst hätten. Die ‚barnesianische' Performativität des Black-Scholes-Modells beinhaltet ihnen zufolge nicht, dass sich die Axiome der Wirtschaftswissenschaften realisieren würden, es geht ihnen ausschließlich um den konkreten *output* des Modells: die Etablierung einer im Modell erzeugten Preisbildung in der wirtschaftlichen Wirklichkeit.

Ob überhaupt von einer Performativität im ‚starken' Sinne gesprochen werden kann, ist äußerst strittig. Die Liste der Kritiken am Gedanken wirtschaftswissenschaftlicher Performativität ist mittlerweile recht lang.[1] Dass die Wirtschaftswissenschaft generell einen Einfluss auf die Gesellschaft hat bzw. haben kann, ist dabei gar nicht der entscheidende Punkt, sondern ob sich wirtschaftliche Strukturen *ursächlich* auf wirtschaftswissenschaftliches Wissen zurückführen lassen und

---

[1]Einen Überblick über die einschlägigsten gibt Vosselman (2013).

© Springer Fachmedien Wiesbaden GmbH, ein Teil von Springer Nature 2019
J. Sparsam, *Wie ökonomisches Wissen wirksam wird,* essentials,
https://doi.org/10.1007/978-3-658-22984-9_4

ob sich *Isomorphien* zwischen wirtschaftswissenschaftlichen Denkfiguren und wirtschaftlichen Gegenständen zeigen lassen.

Die schwerwiegendsten Einwände gegen Callons und MacKenzies ursprüngliche Konzeptualisierungen zweifeln m. E. vor allem ihre Beweisfähigkeit an: Lässt sich zeigen, dass die Existenz wirtschaftlicher Phänomene tatsächlich wirtschaftswissenschaftlich hervorgebracht ist? Der Anthropologe Daniel Miller (2002, S. 231) etwa kritisiert, dass Callons empirischer Blick auf die Wirtschaft genauso von ihrer Vielfältigkeit abstrahiert wie die ökonomische Theorie. Es gäbe immer ökonomische Interaktionsmuster, die sich nicht dem neoklassischen fügen würden und die komplett aus dem Blickfeld geraten, wenn nur nach letzteren gesucht wird. Ana Santos und João Rodrigues argumentieren dagegen, dass Callon keinerlei empirischen Nachweis dafür erbringt, dass sich die Wirtschaft und ökonomische Akteure tatsächlich nach wirtschaftswissenschaftlichem Vorbild verhalten. Vielmehr sei ein mögliches ‚Verunglücken' von Performativität durch seine theoretischen Weichenstellungen überhaupt nicht berücksichtigt: Da Callon eine breite Definition von Ökonomik hat – „economics at large" – ließe sich ihre Beteiligung in einem jeweiligen *agencement* letztlich immer behaupten. Seine Begründung sei deswegen tautologisch: „[A]ny process of market building becomes, by definition, an instantiation of economics" (Santos und Rodrigues 2009, S. 992). Butler ist in einem Diskussionsbeitrag zu Callons Arbeiten ebenfalls skeptisch, dass sich die Wirtschaft vollständig aus der Äußerung ökonomischer Theorie erklären lässt. Außerdem müssten, ginge man davon aus, dass Performativität prinzipiell auch scheitern kann, die äußeren Bedingungen für Gelingen und Missglücken angegeben werden können (Butler 2010, S. 152–153).[2] Der Wirtschaftsphilosoph Uskali Mäki (2013) diskutiert an MacKenzies Konzeptualisierung, dass dessen Begründung ‚starker' Performativität nicht hinreichend ist. Er verschütte stattdessen die zahlreichen Übersetzungsschritte, die ökonomisches Wissen auf seinem Weg in und durch die Wirtschaft durch die vielen Hände der Beteiligten nehme. Letztlich könne ein konstitutiver Einfluss der tatsächlichen Äußerungen von Wirtschaftswissenschaftler_innen nicht nachgewiesen werden.

---

[2]Ein unmittelbares Scheitern von Performativität scheint in Callons Konzeption tatsächlich nicht mitgedacht zu sein, vielmehr kann nur das *framing* „fragil" sein und der ‚Überfluss' zu hoch (1998b, S. 252). In seiner Replik auf Butler suggeriert er (Callon 2010), dass ihre Inkorporierung in ein ‚funktionierendes' *agencement* bereits als Bedingung für das ‚Gelingen' einer wirtschaftswissenschaftlichen Äußerung ausreicht. Das ‚Missglücken' externalisiert er wiederum als *overflowing* – dies findet allerdings bei einer stabilen Rahmung nur partiell und außerhalb des *agencement* statt.

Bemängelt wird in diesem Zusammenhang prinzipiell ein Defizit an Feld-forschung und die Neigung der Performativitätsforschung, die Wirkungen der Ökonomik lediglich an ihrer Theorie abzulesen (Mirowski und Nik-Khah 2008, S. 101). Folgt man Ben Fine (2003, 2005), mache sich Callon damit gar zum ‚Komplizen' der normativen Ansprüche neoklassischer Wirtschaftswissenschaft: Die Annahme der Performativität verunmögliche jegliche kritische Distanz zum Effizienzanspruch der Ökonomik – ja vielmehr würde sie sich ihm beugen –, weil Widersprüche zwischen Modellen und Wirklichkeit ignoriert würden (vgl. Miller 2002, S. 231; Nik-Khah und Mirowski 2008, S. 117–118).

Passt die Performativitätsannahme überhaupt ins Selbstbild der Wirtschafts-wissenschaft? Welche Ansprüche werden unter akademischen Bedingungen an die Gegenstandsadäquanz ökonomischer Modelle gestellt? In der Regel halten Ökonom_innen ihre Modelle selbst in einem gewissen Maße für unrealistisch. So stellt etwa der Wirtschaftswissenschaftler Harald Uhlig fest, dass die akademi-sche Produktion ökonomischen Wissens stark von einer Ästhetik geprägt ist, die dem Prinzip der Parsimonie gehorcht:

> By intended design, the winning beautiful theory ignores many ugly details of rea-lities. By design, a good theory is false. A good theory is not meant to be ‚realistic'. It is meant to incorporate the key aspects that its author intends her or his audience to focus on as important for understanding key aspects of reality. A good theory is a beautiful theory that replicates a selected set of key facts in a convincing and mini-malistic fashion. That connection, that judgement takes place outside that theory, however. It takes place within the community of sceptical scientists. As beauty is in the eye of the beholder, scientists will therefore disagree about which theory is the best (Uhlig 2012, S. 31).

Volkswirtschaftler_innen sind sich also durchaus darüber im Klaren, dass spezi-fische Modellannahmen kein Pendant in der ökonomischen Wirklichkeit haben bzw. nicht zwingend eines besitzen müssen oder gar kontrafaktisch sein können. Unter forschungspraktischen Umständen haben sie lediglich die Funktion, Kon-sistenz in der Modellwelt zu erzeugen, wie etwa spezifische Annahmen über das rationale Verhalten von Akteuren (vgl. Lucas 1987, S. 13).

Diese für den Bau von Modellwelten akzeptierte empirische Inadäquanz von Begriff und Sache ist für Ökonom_innen wiederum kein Argument dagegen, die Modelle als Sozialtechnologie in der Wirklichkeit anzuwenden. Letztlich ist die Wirtschaftswissenschaft eine präskriptive Theorie, denn ihr höchstes wissen-schaftliches Ideal ist es, Vorhersagen zu treffen. Für Ökonom_innen ist es des-halb in der Regel sogar wünschenswert, aus Mechanismen in der Modellwelt Rückschlüsse auf die Wirklichkeit zu ziehen. Die Makroökonomik etwa versteht

„Wirtschaftspolitik als angewandte Wirtschaftstheorie" (Spahn 1999, S. 6). Sie sieht ihren Vorteil deshalb gerade darin, durch Abstraktion Kausalzusammenhänge isolieren zu können, die aufgrund der Komplexität der Wirklichkeit ohne Modell überhaupt nicht identifizierbar wären. Zeigen sich Übereinstimmungen in Modellergebnissen und empirischen Wirtschaftsdaten, spricht für Ökonom_innen nichts dagegen, Analogien über das Verhalten von Modellwelten und der zukünftigen Entwicklung der wirtschaftlichen Realität zu ziehen (vgl. De Vroey 2016, S. 178–181).

Die Performativitätsforschung scheint, wenn sie eine ‚starke' Form der Performativität voraussetzt, diesen präskriptiven Charakter allzu wörtlich zu nehmen und damit sogar noch hinter die metatheoretische Selbstreflexion der Ökonomik zurückzufallen. Dass Ökonom_innen den Anspruch erheben, entscheidungs- und steuerungsrelevantes Wissen zu produzieren, und dass ihr Effizienzversprechen durch Institutionalisierungsprozesse Eingang in die Wirtschaft sowie den Rest der Gesellschaft findet, muss schließlich nicht heißen, dass die Annahmen, Zusammenhänge und Ergebnisse der Modellwelten sich eins-zu-eins in der wirtschaftlichen Wirklichkeit realisieren. Immerhin kann die Komplexität zurückschlagen oder es ist schlicht nicht nachweisbar, ob isomorph anmutende Entwicklungen in der Wirklichkeit tatsächlich auf denselben Zusammenhang zurückzuführen sind wie den im Modell oder ob das Modell bzw. dessen ‚Anwendung' überhaupt dafür verantwortlich war, diesen Zusammenhang herzustellen.

Die an Callon und MacKenzie anschließende Forschung schultert also eine recht hohe Beweislast. Ein genauer Blick auf die Empirie offenbart, dass sich Fälle von Performativität immer auch in alternativer Weise erzählen lassen – freilich ohne den Einfluss wirtschaftswissenschaftlichen Wissens gänzlich in Abrede zu stellen. Schon eine von Callon herangezogene empirische Referenzstudie aus den 1980er-Jahren zeigt, wie voraussetzungsvoll eine ‚gelingende' Implementation mikroökonomischen Wissens sein kann: Marie-France Garcia-Parpets (2017) Beitrag über die architektonische Ausgestaltung eines Auktionsmarktes für Erdbeeren in der französischen Gemeinde Fontaines-en-Sologne.[3] Garcia-Parpet zufolge sei dieser Markt den Grundsätzen des neoklassischen Marktmodells nachempfunden gewesen. Das situative Setting des Auktionsmarktes war so gestaltet, dass ein Auktionator Preise für Chargen von Erdbeeren ausruft, die nach dem Prinzip der holländischen Auktion niedriger werden, bis jemand einen

---

[3]Zuerst 1986 auf Französisch erschienen.

Zuschlag anmeldet. Durch den Ablauf der Auktion und die Architektur der Verkaufsräumlichkeiten sind die Käufer_innen von den Verkäufer_innen (bzw. den Produzent_innen) getrennt: Erstere sitzen in einer separaten Etage, in der sie nur eine Anzeigetafel mit den Preisen sehen, auch der Auktionator ist für die Käufer_innen nicht sichtbar (Garcia-Parpet 2017, S. 41–45). Garcia-Parpet zufolge (2017, S. 46) sind dadurch die ihrer Ansicht vier zentralen Charakteristika des neoklassischen Marktmodells in diesem Erdbeermarkt erfüllt: 1) Die Käufer_innen sind Preisnehmer_innen, sie können die Preise nicht beeinflussen; 2) Das Produkt ist homogen, es werden nur Erdbeeren in einer vergleichbaren Qualität angeboten; 3) Der Marktzugang ist für alle Interessierten offen; 4) Alle Marktteilnehmer_innen sind vollständig informiert über Menge, Qualität und Preis des Produkts.

Die Rolle wirtschaftswissenschaftlicher Theorie für diese Konstruktionsleistung ist in Garcia-Parpets Darstellung repräsentiert durch den Einfluss eines von der Verwaltung der Region zur Umgestaltung des Marktes angeheuerten Wirtschaftsberaters, der die Charakteristika des mikroökonomischen ‚perfekten‘ Marktes im Ablauf und der Technologie der Erdbeerauktion umzusetzen versuchte (2017, S. 54–55). Von entscheidenderer Bedeutung für die Entwicklung der Region als Anbaugebiet und Umschlagplatz für Erdbeeren war jedoch ein soziales Netzwerk von Produzent_innen, die agrartechnologisches Wissen akkumulierten, es gewinnbringend einzusetzen wussten und aktiv an der politischen Umgestaltung der wirtschaftlichen Kräfteverhältnisse in der Region arbeiteten (Garcia-Parpet 2017, S. 55–61). Garcia-Parpets Argument ist, dass der Erdbeermarkt – in seiner Gestalt als quasi-perfekter Markt – nicht von allein entstand, sondern von langer Hand geplant wurde, viel Verhandlungsgeschick bedurfte und mühsam aufrechterhalten werden musste. Insofern beruht er in erster Linie auf einer, um den zentralen Begriff der Neuen Wirtschaftssoziologie zu verwenden, aufwendigen und vielschichtigen *sozialen* Einbettung (vgl. Diaz-Bone 2017, S. 266). Ohne politische und soziale Ressourcen wäre die Umwälzung der alten und Aufrechterhaltung der neuen Marktverhältnisse gar nicht denkbar. Die zur Marktarchitektur gewordene neoklassische Theorie spielt dabei eher die Rolle einer Disziplinierungsmaßnahme für die Marktteilnehmer_innen, die sich den Interessen des amtierenden, für den Umbau der Region verantwortlichen Verwaltungsrats unterwerfen sollten. Auch waren die Charakteristika des Marktes nicht unbedingt Effekte wirtschaftswissenschaftlicher Theorie. Die Produkthomogenität der Erdbeeren etwa ist auf eine der architektonischen Umgestaltung des Auktionsmarktes vorhergehende Marketingkampagne zurückzuführen, die der lokale Wirtschaftsverband zur Festigung der Marke „Erdbeeren aus Sologne“ ins Leben rief (Garcia-Parpet 2017, S. 51–53).

Die Marktverhältnisse im Auktionsgebäude lassen sich demnach zwar in den Termini neoklassischer Ökonomik beschreiben und ihre Konstruktion auch mit einem Ökonomen im engeren Sinne in Verbindung bringen. Würde man allerdings nur den tatsächlichen Auktionsmarkt – das *agencement* – in Augenschein nehmen und einseitig in Richtung der Wirkung wirtschaftswissenschaftlichen Wissens und dessen ‚Technologisierung‘ auflösen, geraten seine ‚Gelingensbedingungen‘ völlig aus dem Blick. Auch lassen sich die neoklassischen Charakteristika des Auktionsmarktes nicht zweifelsfrei ursächlich auf den Einsatz und die technologische Umsetzung neoklassischer Wirtschaftstheorie zurückführen.

Ähnliches kritisieren Philip Mirowksi und Edward Nik-Khah (2007) an der in der Performativitätsdebatte ebenfalls als Referenz herangezogenen Studie von Francesco Guala (2001).[4] Guala (2001) behauptet, dass wirtschaftswissenschaftliche Spieltheoretiker_innen eine maßgebliche Rolle im Design der Auktionen von Rundfunklizenzen durch die US-amerikanische Federal Communications Commission (FCC) spielten. Die Auktion müsste demnach als eine von Ökonom_innen im Auftrag der FCC konstruierte „Maschine“ betrachtet werden, welche die Auktionsteilnehmer zu rationalen Wahlhandlungen anleitet und somit den Auktionsmarkt als von Akademiker_innen designtes ‚Spiel‘ realisiert. Mirowski und Nik-Khah kritisieren die eindimensionale und zu ‚glatte‘ Auflösung Gualas: „[T]he performativity narrative informs us that the FCC sets the goals for the economists to attempt to achieve, subject to congressional restraints. The economist imagine a world, and then set about to make their words and equations flesh“ (2007, S. 210–211). So harmonisch sei die Geschichte Mirowski und Nik-Khah zufolge allerdings nicht verlaufen: Die Entwicklung der Auktionsstruktur müsste vielmehr darauf zurückgeführt werden, welche Parteien mit welchen Interessen daran beteiligt waren und welche sich davon in den Kämpfen um die konkrete Gestaltung der Auktion durchsetzen konnte. Die FCC musste schließlich darauf achten, dass die Auktionsweise mit den Profitinteressen der beteiligten Unternehmen vereinbar war. Auch hätten die beteiligten Ökonom_innen intern durchaus paradigmatische Kämpfe ausgefochten, in die vom FCC aus verschiedenen Gründen eingegriffen und entschieden wurde: Die Spieltheoretiker_innen warteten mit ganz unterschiedlichen Herangehensweisen, Marktvorstellungen und Problemlösungen auf als die ebenfalls an der Konzeptualisierung der Auktion beteiligten Experimentellen Ökonom_innen, wobei die FCC auch nach computertechnischer Umsetzbarkeit ausgewählt habe (Mirowksi und Nik-Khah 2007, S. 208–215).

---

[4]Zur Rezeption siehe Callon und Muniesa (2005, S. 1239–1240).

Die empirischen Beispiele von Garcia-Parpet und Mirowski und Nik-Khah zeigen, dass, denkt man ökonomische Strukturen ausschließlich als Auswuchs wirtschaftswissenschaftlicher Theorien und Modelle, die eigentlichen Ursachen, Gründe oder Auslöser für ihre Entstehung und ihren Wandel hinter dem Forschungsartefakt ‚Performativität' verschwinden. So verdienstvoll die Performativitätsforschung den soziologischen Blick für den Einfluss wirtschaftswissenschaftlichen Wissens auf die Wirtschaft geschärft hat, so einseitig löst sie ihren Erklärungsanspruch ein.

Soziologie ökonomischen Wissens als Verwendungs- und Wirkungsforschung 5

Das Dilemma der Performativitätsforschung besteht, so lassen sich die obigen Debatten zusammenfassen, darin, dass ‚starke' Fälle von Performativität als die tatsächlich interessanten vermutet werden, ihr Nachweis allerdings zweifelhaft erscheint, weil der Verdacht aufkommt, dass dabei vorausgesetzt wird, was eigentlich aufgespürt werden soll: ob wirtschaftliche Gegenstände ursächlich auf den technologischen Einsatz wirtschaftswissenschaftlichen Wissens zurückzuführen sind. Es liegt nahe, in einer solchen Generalisierung einen konzeptionellen Kurzschluss zwischen Begriff (Wirtschaftswissenschaft) und Sache (Wirtschaft) zu vermuten.

Dieser Mangel in der Beweiskette spricht selbstverständlich nicht gegen eine wissenschaftssoziologische Herangehensweise an die Frage nach dem gesellschaftlichen Stellenwert ökonomischen Wissens. Callons Annahme, dass die Wirtschaftswissenschaft nicht nur eine repräsentative Funktion hat, sondern an der Gestaltung ihres Forschungsobjekts beteiligt ist, steht ganz in Einklang mit allgemeinen Erkenntnissen der jüngeren Wissenschaftsforschung. Hinzu kommt die plausible Annahme aus dem Repertoire der Laborstudien, dass die im Labor geschaffenen Objekte ein ‚Eigenleben' entwickeln: Die kognitiven und technischen Produktionsbedingungen eines wissenschaftlichen Objekts müssen im weiteren Umgang mit dem fertigen Objekt nicht immer wieder nachvollzogen werden. Es ‚existiert' als Forschungsobjekt und kann der Anschlussforschung als Fixpunkt dienen (vgl. Woolgar 1993, S. 68–69). Für den weiteren Umgang mit dem Modell von Black und Scholes etwa ist es unerheblich, wie genau seine Erfinder es unter welchen Bedingungen erschaffen haben. Es kann der weiteren Forschung über Finanzoptionen vorausgesetzt werden. Daran anschließend ist es plausibel, einen Transfer dieser Objekte in außerakademische Bereiche anzunehmen.

© Springer Fachmedien Wiesbaden GmbH, ein Teil von Springer Nature 2019   27
J. Sparsam, *Wie ökonomisches Wissen wirksam wird*, essentials,
https://doi.org/10.1007/978-3-658-22984-9_5

Problematisch ist jedoch vor allem die Annahme der Reduktionsmöglichkeit wirtschaftlicher Sachverhalte auf Rahmungen durch wirtschaftswissenschaftliche Denkfiguren. Wie gesehen gibt es etwa in Callons radikaler Perspektive keinen prinzipiellen Unterschied zwischen dem akademischen Umgang mit solchen Forschungsobjekten und ihrem Umgang in der Wirtschaft, aber eine klare Wirkungsrichtung von der Wissenschaft in die Ökonomie. Er geht dabei davon aus, dass sich die Wirtschaft vollständig durch die technikinduzierte Weitergabe ökonomischen Wissens in die Wirtschaft erklären lässt. Damit setzt er wirtschaftswissenschaftliche Forschungsobjekte und wirtschaftliche Sachverhalte in eins.

Mit dem Philosophen Hans Jörg Sandkühler lässt sich dagegen behaupten: „Der Akt des Erkennens schafft keine Gegenstände (mit Kant: Dinge, wie sie an sich selbst sind); aber er schafft und formt *Erkenntnis*objekte in Abhängigkeit von Wissenskulturen und (Re-)Präsentationsformaten als Dinge, wie sie für Menschen sind" (Sandkühler 2009, S. 19). Sandkühler macht damit einen gravierenden Unterschied deutlich: Wissen strukturiert, wie sich Akteure auf ihre Welt beziehen, ohne dass die Welt sich nach diesem Wissen formt. Eine wirtschaftswissenschaftliche Theorie muss weder wahr sein noch durch ihre Verwendung wahr werden, damit Akteure in Wissenschaft und Wirtschaft sich danach richten können. Sie muss lediglich, wenn sie nicht bloß idiosynkratisch sein soll, sondern in einem Feld intersubjektiv verstehbar, in der Wissenskultur des jeweiligen Feldes verankert sein.

Dieses Verständnis konfligiert, wie sich aus den obigen Ausführungen ergibt, nicht mit dem Selbstbild von Wirtschaftswissenschaftler_innen. Sie arbeiten mit Erkenntnisobjekten, die nach denjenigen innerdisziplinären Produktionsbedingungen hergestellt werden, die zu einem bestimmten Zeitpunkt im Fach akzeptiert sind (s. im Detail Pahl 2018, Kap. 2). Heutzutage sind dies vor allem ökonometrische Modelle. Diese Erkenntnisobjekte haben einen Einfluss darauf, wie die wissenschaftlichen Akteure die ‚Welt' sehen: Ihre Modellwelt, in der spezifische Gesetze herrschen und spezifische Handlungen möglich sind. Wirtschaftswissenschaftliche Repräsentationen können darüber hinaus durchaus den Deutungsmustern nicht-akademischer Akteure zugrunde liegen, wenn sie ihren Weg aus der Disziplin in die Wissenskulturen anderer gesellschaftlicher Bereiche finden. Sind sie dort als Erkenntnisobjekte etabliert, werden sie auch als Handlungsgegenstände adressiert. Dass sie einer Handlungsstrategie zugrunde liegen, heißt allerdings nicht, dass sie in der Verwendung automatisch ihre Referenz miterschaffen.

Es wäre jedoch genauso problematisch, die Verwendung ökonomischen Wissens in außerakademischen Kontexten als rein passives Aufgreifen von in der Disziplin etablierten Theorien, Modellen, Handlungsanweisungen und steuerungspolitischen Maßnahmen zu betrachten. Ähnliche Befunde hat die soziologische

Verwendungsdebatte über die außerakademische Verwendung sozialwissenschaftlichen Wissens zutage gefördert (für einen Überblick s. Neun 2016). Ein zentrales
Ergebnis der Verwendungsforschung war, dass soziologische Erkenntnisobjekte
in anderen gesellschaftlichen Bereichen nicht unmittelbar im Sinne der akademischen Erfinder_innen angewendet werden:

> Verwendung ist also nicht ‚Anwendung‘, sondern ein aktives Mit- und Neuproduzieren
> der Ergebnisse, die gerade dadurch den Charakter von ‚Ergebnissen‘ verlieren und im
> Handlungs-, Sprach, Erwartungs- und Wertkontext des jeweiligen Praxiszusammen-
> hangs nach immanenten Regeln in ihrer praktischen Relevanz überhaupt erst geschaffen
> werden (Beck und Bonß 1989a, S. 11).

Ulrich Beck und Wolfgang Bonß nennen dies auch einen „Rationalitätsbruch"
(1989a, S. 12) zwischen akademischen und nicht-akademischen Feldern.[1] Auch
für wirtschaftswissenschaftliches Wissen gilt: Von einer simplen Übersetzung als
ungebrochener Transfer des Wissens aus der Universität in Wirtschaft und Gesellschaft auszugehen, heißt, feldspezifische „sprachliche Produktionsverhältnisse"
(Bourdieu 2017, S. 76) zu ignorieren. In außerakademischen Kontexten ist die
Verwendung eines Modells nicht allein damit abgeschlossen, dass es zum Einsatz
gekommen ist:

> [U]sing an economic model goes well beyond just recognizing it uttered or written
> down properly and understanding its meaning in the context. Use involves taking
> further action. Many kinds of further activities are needed, such as informing, lear-
> ning, applying, arguing, implementing, predicting, calculating, estimating, nego-
> tiating, persuading, mobilizing resources, investing, agreeing, solving problems,
> winning conflicts – by a variety of academic and nonacademic agents in the course
> of time (Mäki 2013, S. 448–449).

---

[1]Hierbei muss auf einen entscheidenden Unterschied hingewiesen werden: Beck und Bonß
(1989b, S. 384) vermerken eine „Trivialisierung" soziologischen Wissens in Verwendungs-
kontexten, weil sich akademische soziologische Konzepte in der Regel dort semantisch
nicht mehr eindeutig identifizieren lassen. Matthias Wingens und Stephan Fuchs (1989,
S. 216) zufolge kommt es deshalb nicht in erster Linie darauf an, in den außerakademischen
Feldern nach akademischen Semantiken zu suchen, sondern nach solchem Wissen, dass in
diesen Feldern als soziologisches Wissen etikettiert wird, in ihrem Beispiel soziologische
Forschungsergebnisse von außerakademischen Forschungseinrichtungen. Im Gegensatz zur
Soziologie ist wirtschaftswissenschaftliche Semantik allerdings viel eindeutiger in außer-
akademischen Feldern zu erkennen – allein schon durch die etablierte Verwendung von
Modellen als Rechengrundlage.

Für eine Verwendungs- und Wirkungsforschung wirtschaftswissenschaftlichen Wissens ist demzufolge die Frage, ob sich die Natur des *homo sapiens* durch den Einfluss ökonomischer Leitbilder der eines *homo oeconomicus* annähert, falsch gestellt. Sie widmet sich stattdessen dem Problem, ob sich Akteure auf sich selbst oder andere als *homines oeconomici* – bzw. einzelner Charakteristika dieses Menschenbildes oder daraus resultierender Effizienzkriterien etc. – beziehen, aus welchen Gründen sie das tun und welche Effekte diese Bezugnahme zeitigt. Allgemeiner gefragt: Unter welchen Bedingungen und auf welche Weise leiten wirtschaftswissenschaftliche Erkenntnisobjekte soziales Handeln und welche intendierten wie nicht-intendierten Folgen zieht dies nach sich? Auf diese Frage gibt es vorab keine generalisierbare Antwort, sie muss empirisch beantwortet werden. Programmatisch lassen sich für eine solche Forschung folgende Kriterien veranschlagen:

Historische Entwicklung und Rekursivität Der gesellschaftliche Einfluss der Wirtschaftswissenschaft hat sich, wie bereits erwähnt, in den letzten 100 Jahren stark gewandelt. Vor allem nach dem Zweiten Weltkrieg wurde sie stärker anwendungsorientiert (Morgan 2003). Diese gestiegene Anwendungsorientierung impliziert, dass es ebenfalls einen rückwirkenden Einfluss von der Gesellschaft auf die Wirtschaftswissenschaft gibt: Die Ökonomik wird sich ihrer sozialen Wirkung bewusst, bekommt spezifische Anforderungen aus der außerakademischen Verwendung ihres Wissens gespiegelt und passt ihre Wissensproduktion bis zu einem gewissen Grad den gesellschaftlichen Ansprüchen an. Die Verwendung und Wirkung wirtschaftswissenschaftlichen Wissens muss deshalb als rekursiver historischer Prozess aufgefasst werden, in dem sowohl das Wissen bzw. die Wissenschaft als auch die Gesellschaft sich wechselseitig beeinflussen. Diagnostisch ist dabei eine transitorische ‚Verwirtschaftswissenschaftlichung' festzustellen: die gesellschaftliche Inthronisierung wirtschaftswissenschaftlichen Wissens als führende Form der Expertise über Wirtschaft und darüber hinaus ihr ‚Einwandern' in die Wissenskulturen sämtlicher gesellschaftlicher Bereiche. Die Folge ist eine wirtschaftswissenschaftliche Professionalisierung real- und finanzwirtschaftlicher, wirtschafts- und sozialpolitischer sowie anderer Bereiche, die als Verwendungskontexte dieses Wissens legitimiert sind. Diese Entgrenzung der Ökonomik darf dabei nicht als performativer Effekt verklärt werden, sondern muss im Kontext allgemeiner Verwissenschaftlichungstendenzen im 20. Jahrhundert und deren gesellschaftlichen Erfolgsbedingungen begriffen werden.

Repräsentanz von Ökonom_innen in Sprecher_innenpositionen Ein breites Verständnis davon, wer als Ökonom_in verstanden werden kann, trübt das Verständnis der konkreten Sprecher_innenposition von Wirtschaftswissenschaftler_innen.

Wirtschaftswissenschaftliches Wissen ist auf der einen Seite durch eine hohe, feldübergreifende sprachliche „Autorität" (Bourdieu 2017, S. 78–83) geprägt: Wirtschaftswissenschaftler_innen können durch die historische Entwicklung des Faches, des dort geltenden Praxisverständnisses und der politischen Beanspruchung der Disziplin als Produzentin von Steuerungswissen als legitime Sprecher_innen in nahezu sämtlichen gesellschaftlichen Feldern auftreten und ihr Wissen als Entscheidungswissen anbringen (vgl. Preda 2009, S. 121). Auf der anderen Seite muss die Autorität in nicht-akademischen Feldern jedoch zunächst gewährt werden, sie ergibt sich nicht automatisch durch die in der Disziplin geltende innerwissenschaftliche Autorität. Politische Akteure etwa können dabei eine *gatekeeper*-Funktion einnehmen (vgl. Weber 2005, S. 47).

Katrin Hirte und Stephan Pühringer (2017) konnten durch Netzwerkanalysen zeigen, wie deutsche Ökonom_innen durch ihre akademische Vernetzung, aber vor allem durch ihre Präsenz in Berater_innenpositionen, in der Politik, in Think Tanks usw. gesellschaftlichen Einfluss ausüben. Durch ihre Bekleidung solcher Sprecher_innenpositionen gestalteten sie den Diskurs um die Finanzkrise von 2007/2008 maßgeblich. In einer breiter angelegten Studie zeigen die Autor innen gemeinsam mit Walter Ötsch (Ötsch et al. 2018), wie sich durch die Überschneidung von Sprecher_innenpositionen in Wissenschaft, Medien und Wirtschaftspolitik in der Wirtschaftswissenschaft und im gesamtgesellschaftlichen Diskurs exklusiv in Deutschland eine spezifische wirtschaftswissenschaftliche Schule durchsetzen konnte: der Ordoliberalismus. Auch dahinter stehen identifizierbare Netzwerke. Beide Projekte zeigen, dass sich der diskursive Einfluss von Wirtschaftswissenschaftler_innen als Machtverhältnis darstellen lässt. Welches ökonomische Wissen sich gesellschaftlich – national wie transnational – etablieren kann, ist demzufolge in den Reproduktionsbedingungen dieser Machtpositionen und die dadurch gegebene Definitionshoheit begründet.

Die tatsächliche Repräsentanz von akademischen Ökonom_innen muss dabei von Bereich zu Bereich empirisch erschlossen werden. In Zentralbanken wie der Federal Reserve etwa hat sich die Zusammensetzung der Belegschaft in den letzten Jahrzehnten zugunsten promovierter Wirtschaftswissenschaftler_innen verändert (vgl. Conti-Brown 2016, S. 90–93), was sich einschlägig auf die Verwendung wirtschaftswissenschaftlichen Wissens auswirkt. Ob Wirtschaftswissenschaftler_innen eine Sprecher_innenposition außerhalb des akademischen Feldes einnehmen können, ist immer auch an institutionelle Pfadabhängigkeiten gebunden.

Zwecke und Wissensanforderungen Forschen ist eine gänzlich andere Tätigkeit als die Gestaltung der Wirtschaft. Das Handeln wirtschaftlicher Akteure ist darüber hinaus nicht nur mit ökonomischer Theorie ‚beladen'. Je nach Feld wird auf Erkenntnisobjekte ganz unterschiedlicher Herkunft zurückgegriffen. Außerdem kann sich die feldspezifische Umgangsweise mit ökonomischen Erkenntnisobjekten fundamental voneinander unterscheiden.

Empirische Studien zeigen vor allem, dass wirtschaftswissenschaftliche Modelle in finanzwirtschaftlichen Kontexten nicht in derselben Rigorosität verwendet werden wie in akademischen. Uwe Vormbusch etwa beschreibt für die Praxis von Portfoliomanager_innen, dass Modelle keine eindeutigen Entscheidungen vorgeben, sondern einen Korridor von Entscheidungsalternativen öffnen. Außerdem lassen sich mit dem Verweis auf Modelle Investmententscheidungen legitimieren. Einen Objektivitätsanspruch an die Modelle vertreten die Portfoliomanager_innen anders als Wirtschaftswissenschaftler_innen jedoch nicht (Vormbusch 2012, S. 327–323). Ähnlich argumentiert Stefan Leins auf der Grundlage ethnografischer Forschung in einer Großbank. Dort müssen die Finanzanalyst_innen die Kund_innen der Bank mit Expertisen versorgen. Ökonomische Modelle spielen dabei nur eine untergeordnete Rolle, weil der Kundenseite nicht in erster Linie Zahlen angeboten werden, sondern schlüssige „investment narratives". In diesem Feld kommt es folglich auf die Glaubwürdigkeit solcher Narrative an, nicht auf die Gültigkeit von Kalkulationen (Leins 2018, S. 154–158).

Diese Befunde deuten darauf hin, dass man wirtschaftliche, wirtschaftspolitische etc. Kontexte als *Produktionszusammenhänge eines Wissens eigener Art* begreifen sollte. Wirtschaftliche Akteure etwa müssen gänzlich andere Probleme lösen als wissenschaftliche und stellen deswegen andere Anforderungen an ihr Wissen. Ökonomische Theorien und Modelle werden in der Regel für die jeweils feldspezifischen Zwecke interpretiert, angepasst, umgebaut und mit anderen Wissensarten und Technologien hybridisiert.

Differenzierung des Wissens Wirtschaftswissenschaftliches Wissen muss stärker in seine Bestandteile differenziert werden. Letztlich kommt es darauf an, welche Aspekte verwendet werden, welche eine Wirkung welcher Art entfalten und aus welchen Gründen dies geschieht. Man muss das neoklassische Menschenbild nicht gutheißen oder gar ein Verständnis davon haben, um ein ökonomisches Modell zu verwenden.

Verwendung und Wirkung Von der Verwendung ökonomischen Wissens lässt sich nicht direkt auf dessen Wirkung schließen. Die Verwendung und die Wirkung von Wissen müssen unterschieden werden. Dass ein oder mehrere wirtschaftswissenschaftliche Modelle in ökonomischen Bereichen wegen bestimmter Eigenschaften verwendet werden, heißt nicht, dass sie in derselben Eigenschaft eine Wirkung in der wirtschaftlichen Wirklichkeit zeitigen. Diese Unterscheidung spiegelt sich in MacKenzies (2006) Differenzierung zwischen ‚schwachen‘ und ‚starken‘ Varianten von Performativität.

Die Verwendung ökonomischen Wissens ist dabei einfacher sachgerecht nachzuweisen als deren Wirkung. Vor allem muss die Wirkung ökonomischer Modelle und Theorien nicht unmittelbar darin liegen, dass sich ihre *outputs* (z. B. ein Preis) oder ihre Axiome (z. B. *homo oeconomicus*) realisieren. Moderne Volkswirtschaften in all ihrer Komplexität und ihren Funktionsweisen sind nicht die Summe wirtschaftswissenschaftlicher Theorie und ihrer Modelle. Denn sobald man die Ebene von spezifische Einzelmärkten und ‚Markttechniken‘ verlässt, in denen sich wirtschaftswissenschaftliche Theoreme eventuell noch vergleichbar leicht erkennen lassen, gestaltet es sich schwierig, volkswirtschaftliche Phänomene einem oder mehreren Modellen zuzuordnen (vgl. Pahl und Sparsam 2016). Ihre Wirkung kann sich vor allem auch vermittelter darin zeitigen, dass sich wirtschaftswissenschaftliche Argumentationsfiguren in außerakademischen Wissenskulturen langfristig etablieren. Für Guala liegt der Einfluss der Ökonomik deshalb darin, institutionelle Regeln zu entwerfen und normativ auf das Handeln von Akteuren einzuwirken (Guala 2007, S. 152–153; vgl. Svetlova 2016). Die mit der Figur des *homo oeconomicus* verbreitete Vorstellung rationaler Zielerreichung etwa beschreibt demzufolge nicht die ökonomische Realität, sondern dient als Maßstab für ‚Wirtschaftlichkeit‘.

Analytische Öffnung Diese vorangegangenen Kriterien deuten bereits an, dass die Erforschung der Verwendung und Wirkung ökonomischen Wissens nicht an ein soziologisches Paradigma gebunden sein sollte. Prinzipiell lässt sich eine solche Forschung mit jeder soziologischen Ausrichtung betreiben. Hierbei bietet sich eine problemorientierte Herangehensweise an, die sich den Theorie- und Methodenpluralismus in der Soziologie zunutze macht.

Was Sie aus diesem *essential* mitnehmen können

- In der Wirtschaftssoziologie ist die Frage nach einer (Ko)Konstruktion der modernen Wirtschaft durch die Wirtschaftswissenschaft virulent geworden
- Die Soziologie ökonomischen Wissens ist vor allem durch die wirtschaftssoziologische Performativitätsforschung vertreten
- Die Annahme einer ‚starken' Performativität der Wirtschaftswissenschaft setzt voraus, was eigentlich erklärt werden muss, und unterschlägt das „(Ko)" der (Ko)Konstruktion
- Eine zukunftsfähige Fortführung der Problemstellungen der Performativitätsforschung kann als empirische Verwendungs- und Wirkungsforschung betrieben werden, die offen für die Vielfalt soziologischer Theorien und Methoden ist

© Springer Fachmedien Wiesbaden GmbH, ein Teil von Springer Nature 2019   35
J. Sparsam, *Wie ökonomisches Wissen wirksam wird,* essentials,
https://doi.org/10.1007/978-3-658-22984-9

Literatur

Agamben, G. (2008). *Was ist ein Dispositiv?* Zürich: diaphanes.

Austin, J. L. (1979). *Zur Theorie der Sprechakte (How to do things with words)*. Stuttgart: Reclam (Erstveröffentlichung 1975).

Austin, J. L. (1986). Performative Äußerungen. In J. L. Austin, *Gesammelte philosophische Aufsätze* (S. 305–327). Stuttgart: Reclam (Erstveröffentlichung 1956).

Bachmann-Medick, D. (2014). *Cultural Turns. Neuorientierungen in den Kulturwissenschaften*. Reinbek bei Hamburg: Rowohlt (Erstveröffentlichung 2006).

Barnes, B. (1988). *The nature of power*. Oxford: Polity.

Beck, U., & Bonß, W. (1989a). Verwissenschaftlichung ohne Aufklärung? Zum Strukturwandel von Sozialwissenschaft und Praxis. In U. Beck & W. Bonß (Hrsg.), *Weder Sozialtechnologie noch Aufklärung? Analysen zur Verwendung sozialwissenschaftlichen Wissens* (S. 7–45). Frankfurt a. M.: Suhrkamp.

Beck, U., & Bonß, W. (1989b). Soziologie der Modernisierung. Zur Ortsbestimmung der Verwendungsforschung. *Soziale Welt, 35*(4), 381–406.

Bloor, D. (1991). *Knowledge and social imagery*. Chicago: The University of Chicago Press (Erstveröffentlichung 1976).

Bourdieu, P. (2017). Zur Ökonomie des sprachlichen Tauschs (1977). In P. Bourdieu, *Sprache. Schriften zur Kultursoziologie 1* (S. 73–106). Frankfurt a. M.: Suhrkamp (Erstveröffentlichung 1977).

Butler, J. (2010). Performative agency. *Journal of Cultural Economy, 3*(2), 147–161.

Butler, J. (2015). Performative Akte und Geschlechterkonstitution. Phänomenologie und feministische Theorie. In U. Wirth (Hrsg.), *Performanz. Zwischen Sprachphilosophie und Kulturwissenschaften* (S. 301–320). Frankfurt a. M.: Suhrkamp (Erstveröffentlichung 1988).

Çalışkan, K., & Callon, M. (2009). Economization, part 1: Shifting attention from the economy towards processes of economization. *Economy & Society, 38*(3), 369–398.

Çalışkan, K., & Callon, M. (2010). Economization, part 2: A research programme for the study of markets. *Economy & Society, 39*(1), 1–32.

Callon, M. (1983). Die Kreation einer Technik. Der Kampf um das Elektroauto. In W. Rammert, G. Bechmann, H. Nowotny, & R. Vahrenkamp (Hrsg.), *Technik und Gesellschaft. Jahrbuch 2.* (S. 140–160). Frankfurt a. M.: Campus.

© Springer Fachmedien Wiesbaden GmbH, ein Teil von Springer Nature 2019   37
J. Sparsam, *Wie ökonomisches Wissen wirksam wird*, essentials,
https://doi.org/10.1007/978-3-658-22984-9

Callon, M. (1998a). Introduction: The embeddedness of economic markets in economics. In M. Callon (Hrsg.), *The laws of the market* (S. 1–57). Oxford: Blackwell.

Callon, M. (1998b). An essay on framing and overflowing: Economic externalities revisited by sociology. In M. Callon (Hrsg.), *The laws of the market* (S. 244–269). Oxford: Blackwell.

Callon, M. (2005). Why virtualism paves the way to political impotence. A reply to Daniel Miller's critique of the laws of the market. *Economic Sociology. The European Electronic Newsletter 6*(2), 3–20. http://econsoc.mpifg.de/archive/esfeb05.

Callon, M. (2006). Einige Elemente einer Soziologie der Übersetzung: Die Domestikation der Kammmuscheln und der Fischer der St. Brieuc-Bucht. In A. Belliger & D. J. Krieger (Hrsg.), *ANThology. Ein einführendes Handbuch zur Akteur-Netzwerk-Theorie* (S. 135–174). Bielefeld: Transcript.

Callon, M. (2007). What does it mean to say that economics is performative? In D. MacKenzie, F. Muniesa, & L. Siu (Hrsg.), *Do economists make markets? On the performativity of economics* (S. 311–357). Princeton: Princeton University Press.

Callon, M. (2008). Economic markets and the rise of interactive agencements: From prosthetic agencies to habilitated agencies. In T. J. Pinch & R. Swedberg (Hrsg.), *Living in a material world. Economic sociology meets science and technology studies* (S. 29–56). Cambridge: MIT.

Callon, M. (2009). Elaborating on the notion of performativity. *Le Libellio d'Aegis, 5*(1), 18–29.

Callon, M. (2010). Performativity, misfires and politics. *Journal of Cultural Economy, 3*(2), 163–169.

Callon, M., & Muniesa, F. (2005). Peripheral vision: Economic markets as calculative collective devices. *Organization Studies, 26*(8), 1229–1250.

Callon, M., Millo, Y., & Muniesa, F. (Hrsg.). (2008). *Market devices*. Malden: Blackwell.

Cochoy, F. (1998). Another discipline for the market economy: Marketing as a performative knowledge and know-how for capitalism. In M. Callon (Hrsg.), *The laws of the market* (S. 222–243). Oxford: Blackwell.

Conti-Brown, P. (2016). *The power and independence of the federal reserve*. Princeton: Princeton University Press.

De Vroey, M. (2016). *A history of macroeconomics. From Keynes to Lucas and beyond*. Cambridge: Cambridge University Press.

Diaz-Bone, R. (2009). Qualitätskonventionen als Diskursordnungen von Märkten. In R. Diaz-Bone & G. Krell (Hrsg.), *Diskurs und Ökonomie. Diskursanalytische Perspektiven auf Märkte und Organisationen* (S. 267–292). Wiesbaden: VS Verlag.

Diaz-Bone, R. (2015). *Die „Economie des conventions". Grundlagen und Entwicklungen der neuen französischen Wirtschaftssoziologie*. Springer VS: Wiesbaden.

Diaz-Bone, R. (2017). Marie-France Garcia-Parpet: La construction sociale d'un marché parfait & Le marché de l'exellence. In K. Kraemer & F. Brugger (Hrsg.), *Schlüsselwerke der Wirtschaftssoziologie* (S. 265–269). Wiesbaden: Springer VS.

Dumez, H., & Jeunemaitre, A. (2010). Michel Callon, Michel Foucault and the „dispositif": When economics fails to be performative: A case study. *Le Libellio d'Aegis, 6*(4), 27–37.

Fine, B. (2003). Callonistics. A disentaglement. *Economy & Society, 32*(3), 478–484.

Fine, B. (2005). From actor-network theory to political economy. *Capitalism Nature Society, 16*(4), 91–108.

Fischer-Lichte, E. (2004). *Ästhetik des Performativen*. Frankfurt a. M.: Suhrkamp.

Foucault, M. (1978). *Dispositive der Macht. Über Sexualität, Wissen und Wahrheit*. Berlin: Merve.

Foucault, M. (1981). *Archäologie des Wissens*. Frankfurt a. M.: Suhrkamp (Erstveröffentlichung 1973).

Fourcade, M. (2007). Theories of markets and theories of society. *American Behavioral Scientist, 50*(8), 1015–1034.

Garcia-Parpet, M.-F. (2017). Die soziale Konstruktion eines perfekten Marktes. Der Auktionsmarkt für Erdbeeren in Fontaines-en-Sologne. In R. Diaz-Bone & R. Hartz (Hrsg.), *Dispositiv und Ökonomie. Diskurs- und dispositivanalytische Perspektiven auf Märkte und Organisationen* (S. 39–82). Wiesbaden: Springer VS (Erstveröffentlichung 1986).

Gertenbach, L. (2015). *Entgrenzungen der Soziologie. Bruno Latour und der Konstruktivismus*. Weilerswist: Velbrück.

Granovetter, M. S. (1985). Economic action and social structure: The problem of embeddedness. *American Journal of Sociology, 91*(3), 481–510.

Guala, F. (2001). Building economic machines: The FCC auctions. *Studies in History and Philosophy of Science, 32*, 453–477.

Guala, F. (2007). How to do things with experimental economics. In D. A. MacKenzie, F. Muniesa, & L. Siu (Hrsg.), *Do economists make markets? On the performativity of economics* (S. 128–162). Princeton: Princeton University Press.

Hirte, K., & Pühringer, S. (2017). Netzwerke der Wirtschaftswissenschaft in Deutschland und die Performativität ökonomischen Wissens. In J. Maeße, H. Pahl, & J. Sparsam (Hrsg.), *Die Innenwelt der Ökonomie: Wissen, Macht und Performativität in der Wirtschaftswissenschaft* (S. 363–390). Wiesbaden: Springer VS.

Langenohl, A. (2017). Donald MacKenzie und Yuval Millo: Constructing a market, performing theory. In K. Kraemer & F. Brugger (Hrsg.), *Schlüsselwerke der Wirtschaftssoziologie* (S. 393–396). Wiesbaden: Springer VS.

Latour, B. (1987). *Science in action. How to follow scientists and engineers through society*. Cambridge: Harvard University Press.

Latour, B. (2008). *Wir sind nie modern gewesen. Versuch einer symmetrischen Anthropologie*. Frankfurt a. M.: Suhrkamp.

Laux, H. (2014). *Soziologie im Zeitalter der Komposition. Koordinaten einer relationaldynamischen Netzwerktheorie*. Weilerswist: Velbrück.

Leins, S. (2018). *Stories of capitalism. Inside the role of financial analysts*. Chicago: The University of Chicago Press.

Lucas, R. E. (1987). *Models in business cycles*. Oxford: Blackwell.

MacKenzie, D. (2004). The big, bad wolf and the rational market: portfolio insurance, the 1987 crash and the performativity of economics. *Economy & Society, 33*(3), 303–334.

MacKenzie, D. (2006). *An engine, not a camera. How financial models shape markets*. Cambridge: MIT.

MacKenzie, D. (2009). *Material markets. How economic agents are constructed*. Oxford: Oxford University Press.

MacKenzie, D., & Millo, Y. (2003). Constructing a market, performing theory: The historical sociology of a financial derivatives exchange. *American Journal of Sociology, 109*(1), 107–145.

MacKenzie, D., Muniesa, F., & Siu, L. (Hrsg.). (2007). *Do economists make markets? On the performativity of economics*. Princeton: Princeton University Press.

Maeße, J., & Sparsam, J. (2017). Die Performativität der Wirtschaftswissenschaft. In A. Maurer (Hrsg.), *Handbuch für Wirtschaftssoziologie* (2. überarbeitete Aufl., S. 181–195). Wiesbaden: Springer VS.

Mäki, U. (2013). Performativity: Saving Austin from MacKenzie. In V. Karakostas & D. Dieks (Hrsg.), *EPSA11 perspectives and foundational problems in philosophy of science* (S. 443–453). Cham: Springer International.

McFall, L., & Ossandón, J. (2014). What's new in the ‚new, new economic sociology' and should organization studies care? In P. Adler, P. Du Gay, G. Morgan, & M. Reed (Hrsg.), *The Oxford Handbook of Sociology, Social Theory, and Organization Studies. Contemporary Currents* (S. 510–533). Oxford: Oxford University Press.

Miller, D. (2002). Turning Callon the right way up. *Economy & Society, 31*(2), 218–233.

Mirowski, P., & Nik-Khah, E. (2007). Markets made flesh: Performativity, and a problem in science studies, augmented with consideration of the FCC auctions. In D. MacKenzie, F. Muniesa, & L. Siu (Hrsg.), *Do economists make markets? On the performativity of economics* (S. 190–224). Princeton: Princeton University Press.

Mirowksi, P., & Nik-Khah, E. (2008). Command performance: Exploring what STS thinks it takes to build a market. In T. J. Pinch & R. Swedberg (Hrsg.), *Living in a material world. Economic sociology meets science and technology studies* (S. 89–128). Cambridge: MIT.

Morgan, M. S. (2003). Economics. In T. M. Porter & D. Ross (Hrsg.), *The Cambridge history of science: Bd. 7. The modern social sciences* (S. 275–305). Cambridge: Cambridge University Press.

Müller, M. (2015). Assemblages and actor-networks: Rethinking socio-material power, politics and space. *Geography Compass, 9*(1), 27–41.

Neun, O. (2016). Die Verwendungsdebatte innerhalb der deutschen Soziologie: eine vergessene Phase der fachlichen Selbstreflexion. In H. Staubmann (Hrsg.), *Soziologie in Österreich – Internationale Verflechtungen* (S. 333–353). Innsbruck: Innsbruck University Press. https://www.uibk.ac.at/iup/buch_pdfs/soziologie-in-oesterreich/10.152033122-56-7.pdf.

Ötsch, W. O., Pühringer, S., & Hirte, K. (2018). *Netzwerke des Marktes. Ordoliberalismus als Politische Ökonomie*. Wiesbaden: Springer VS.

Pahl, H. (2018). *Genese, Konsolidierung und Transformation der neoklassischen Wissenschaftskultur. Zur Konturierung einer Soziologie der Wirtschaftswissenschaften*. Wiesbaden: Springer VS.

Pahl, H., & Sparsam, J. (2016). The IS-LMization of the general theory and the construction of hydraulic governability in postwar Keynesian macroeconomics. In I. Boldyrev & E. Svetlova (Hrsg.), *Enacting dismal science: New perspectives on the performativity of economics* (S. 151–181). Basingstoke: Palgrave Macmillan.

Preda, A. (2009). *Information, knowledge, and economic life. An Introduction to the Sociology of Markets*. Oxford: Oxford University Press.

Sandkühler, H. J. (2009). *Kritik der Repräsentation. Einführung in die Theorie der Überzeugungen, der Wissenskulturen und des Wissens*. Frankfurt a. M.: Suhrkamp.

Santos, A. C., & Rodrigues, J. (2009). Economics as social engineering? Questioning the performativity thesis. *Cambridge Journal of Economics, 33*(5), 985–1000.

Sayes, E. M. (2014). Actor-network theory and methodology: Just what does it mean to say that nonhumans have agency? *Social Studies of Science, 44*(1), 1–16.

Spahn, H.-P. (1999). *Makroökonomie. Theoretische Grundlagen und stabilitätspolitische Strategien.* Berlin: Springer.

Sparsam, J. (2015a). *Wirtschaft in der New Economic Sociology. Eine Systematisierung und Kritik.* Wiesbaden: Springer VS.

Sparsam, J. (2015b). Die zwei Soziologien des Marktes. Konstitutionstheoretische Defizite der neueren Wirtschaftssoziologie. *Zeitschrift für Kritische Sozialtheorie und Philosophie, 2*(2), 255–284.

Svetlova, E. (2016). Performativity and emergence of institutions. In I. Boldyrev & E. Svetlova (Hrsg.), *Enacting dismal science. New perspectives on the performativity of economics* (S. 183–200). Basingstoke: Palgrave Macmillan.

Uhlig, H. (2012). Economics and reality. *Journal of Macroeconomics, 34*(1), 29–41.

Volbers, J. (2014). *Performative Kultur. Eine Einführung.* Wiesbaden: Springer VS.

Vormbusch, U. (2012). Zahlenmenschen als Zahlenskeptiker. Daten und Modelle im Portfoliomanagement. In H. Kalthoff & U. Vormbusch (Hrsg.), *Soziologie der Finanzmärkte* (S. 313–337). Bielefeld: Transcript.

Vosselman, E. (2013). The ‚performativity thesis' and its critics: Towards a political ontology of management accounting. NiCE Working Paper 13–105. http://www.ru.nl/publish/pages/516298/nice-13105.pdf.

Weber, B. (2005). Das umkämpfte Feld der Wirtschaftsexpertise. Wirtschaftsexpert_innen und Wirtschaftspolitik im gesellschaftlichen Wandel. *Kurswechsel, 1,* 15 61.

Wieser, M. (2012). *Das Netzwerk von Bruno Latour. Die Akteur-Netzwerk-Theorie zwischen Science & Technology Studies und poststrukturalistischer Soziologie.* Bielefeld: Transcript.

Wingens, M., & Fuchs, S. (1989). Ist die Soziologie gesellschaftlich irrelevant? Perspektiven einer konstruktivistisch ansetzenden Verwendungsforschung. *Zeitschrift für Soziologie, 18*(3), 208–219.

Wirth, U. (2002). Der Performanzbegriff im Spannungsfeld von Illokution, Iteration und Indexikalität. In U. Wirth (Hrsg.), *Performanz. Zwischen Sprachphilosophie und Kulturwissenschaften* (S. 9–60). Frankfurt a. M.: Suhrkamp.

Woolgar, S. (1993). *Science. The very idea.* London: Routledge (Erstveröffentlichung 1988).

Zukin, S., & DiMaggio, P. (1993). Introduction. In S. Zukin & P. DiMaggio (Hrsg.), *Structures of capital. The social organization of the economy* (S. 1–36). Cambridge: Cambridge University Press.